MEHR BÖRSENERFOLG MIT ZERTIFIKATEN

HARALD GABEL

Harald Gabel

Mehr Börsenerfolg mit Zertifikaten

Lukrative Strategien für jede Marktphase

Börsenbuchverlag

Gestaltung Cover: Johanna Wack
Gestaltung und Satz: Sabrina Slopek
Vorlektorat: Claus Rosenkranz, Egbert Neumüller
Korrektorat: Elke Sabat
Druck: CPI books GmbH, Leck, Germany

ISBN 978-3-86470-932-6

Bibliografische Information der Deutschen Nationalbibliothek:
Die Deutsche Nationalbibliothek verzeichnet diese Publikation in der Deutschen Nationalbibliografie; detaillierte bibliografische Daten sind im Internet über <http://dnb.d-nb.de> abrufbar.

Postfach 1449 • 95305 Kulmbach
Tel: +49 9221 9051-0 • Fax: +49 9221 9051-4444
E-Mail: buecher@boersenmedien.de
www.boersenbuchverlag.de
www.facebook.com/plassenbuchverlage
www.instagram.com/plassen_buchverlage

Dieses Buch widme ich meiner Familie.
Sie bedeutet für mich alles.

INHALT

Vorwort

Das Thema Geldanlage nimmt immer mehr Platz in der Gesellschaft ein. So wie Sie beschäftigen sich viel mehr Deutsche mit Aktien und Co als noch vor 10 oder 20 Jahren. Das Thema Geldanlage beschäftigt vermutlich Sie alle zumindest einmal in Ihrem Leben. Und es beschäftigt auch die Studierenden der Julius-Maximilians-Universität in Würzburg. Als Lehrbeauftragter an dieser Universität beginne ich meine Vortragsreihe gern mit einem Experiment, das die Angst vor Aktieninvestments nehmen soll. Den Teilnehmern meines Kurses erzähle ich immer die folgende Geschichte:

Sie haben eine riesige Summe im Lotto gewonnen, alle persönlichen Wünsche sind längst erfüllt und Sie stehen vor der Frage, ob Sie Ihr Geld auf ein Tagesgeldkonto legen oder es am Aktienmarkt investieren sollen. Die Entscheidung sollte eindeutig in Richtung Aktienmarkt tendieren, da beim Tagesgeldkonto aufgrund der niedrigen Zinsen die Inflation an Ihrem ersparten Geld knabbert. Als Beispiel für den Aktienmarkt nehme ich gern Silica Holdings, aber natürlich können Sie jede andere Firma ebenso einsetzen. In diesem Fall handelt es sich um ein Unternehmen, das Hochleistungswerkstoffe herstellt und kommerzielles Siliziumoxid, besser bekannt als Sand, fördert.

Am Anfang zeige ich nur einen kleinen Teil des Kursverlaufs im Chart. Zu Beginn sieht man den Anstieg vom Februar 2016 (12 Euro) bis etwa Mai 2016 bis circa 25 Euro. Die Anteilscheine haben sich bereits deutlich verteuert. Die meisten Zuhörer steigen in diesem Moment nicht ein, auch wenn sie über sehr viel Kapital verfügen. Als Begründung wird angeführt, die Aktie sei zu teuer, weil sie sich ja bereits fast verdoppelt habe. Es kommt, wie es kommen muss. Der Kurs steigt weiter, und die meisten Studierenden warten lieber noch ab. Schließlich haben sie die Anteile nicht bei 13 oder 25 Euro gekauft, warum dann jetzt auf einem noch viel höheren Niveau? Die wenigen, die Aktien gekauft haben, freuen sich über ihren Erfolg und realisieren ihre Gewinne voll oder zumindest teilweise. Beim Hoch bei rund 56 Euro ist keiner mehr engagiert. Bei fallenden Kursen lässt sich das Ganze in umgekehrter Form beobachten. Sobald die Aktie einbricht, wollen alle kaufen, da es nun ein theoretisches Aufwärtspotenzial gibt.

Grafik 1: Kursverlauf U.S. Silica Holdings (Quelle: Bloomberg)

Sie fragen sich vermutlich, warum ich Ihnen das schildere. Weil es Teil der Psychologie eines jeden von uns ist. Genau dieses Verhalten steht bei vielen dem Erfolg an der Börse im Weg. Aus Angst, mit ihrer Geldanlage einen Verlust zu erleiden, geben sie sich mit dem vermeintlich sicheren Giralgeld zufrieden und vergessen dabei, wie stark die Inflation an dem Geldwert knabbert. Umgekehrt steigt das Interesse am Unternehmen, sobald der Kurs sinkt oder gar einbricht: Erste Käufe werden im Bereich um 35 bis 40 Euro getätigt, um dann den ganzen Absturz mitzunehmen. Auch hier spielt die Psychologie eine Rolle: Die Silica-Aktie notiert mehr als 16 Euro unter ihrem Hoch und hat damit theoretisch wieder 40 Prozent Kurspotenzial.

Die Lehre daraus ist, dass es keinen richtigen Zeitpunkt für den Kauf (Timing) gibt. Ein- und Ausstiegszeitpunkte können Sie durch diverse Verfahren zwar optimieren, aber grundsätzlich ist der richtige Kaufzeitpunkt **jetzt**. Beim Verkaufen ist es meist noch leichter: Setzen Sie einen Wert, den Sie zu verlieren bereit sind, und halten Sie sich konsequent daran! John C. Bogle, Gründer von Vanguard und Vorreiter des indexorientierten Investments, bemerkte hierzu einst: „Es ist keine gute Idee, den Markt zeitlich einschätzen zu wollen."

Vielen professionellen Anlegern gelingt es zudem auch nur selten, auf lange Frist den Markt zu schlagen. Viele aktiv gemanagte Fonds sind schlechter als die durchschnittliche Entwicklung des zugrunde liegenden Aktienmarkts. Meistens werden Vergleichsindizes nur mit „Tricks" geschlagen. Sehr beliebt ist, dass die Performance eines Fonds unter Berücksichtigung der Ausschüttungen mit einem Index verglichen wird, bei dem nur die Kursentwicklung Eingang findet. Schauen Sie sich einmal den DAX-Performance-Index im Vergleich zu seinem „Bruder" an, dem DAX-Kursindex. Sie sehen schnell die Unterschiede! Ein weiterer Fehler ist, dass sich viele Anleger nur auf wenige Unternehmen konzentrieren und diese dann zumeist auch nur aus einer Region, also zum Beispiel Europa, kommen. Hierdurch beraubt man sich einer Chance: der weltweiten Streuung in vielen Aktien. Das alles spricht übrigens nicht gegen den Kauf von Zertifikaten, da das Timing hier eher zweitrangig ist und häufig produktspezifische Merkmale den Ausschlag für einen Kauf geben: Angesichts verschiedener Sicherheitsnetze wird hier der Erfolg primär durch die richtige Produktauswahl bestimmt. Im Laufe dieses Buches kommen wir auch auf das Thema Risiko- und Money-Management zu sprechen – ein wichtiger Punkt, der häufig übersehen wird, wenn es darum geht, wie Sie Ihr Portfolio strukturieren sollten.

Die Angst vor Käufen zum falschen Zeitpunkt können Sie durch den geschickten Einsatz von Zertifikaten enorm verringern. Strukturierte Produkte optimieren bei richtiger Vorgehensweise die Zahlungsströme für jeden Risikotyp und jedwede Börsenphase. Wie würde Ihnen beispielhaft ein Zertifikat gefallen, das eine Performance von 17 Prozent erzielt, obwohl der Basiswert in der Zeit knapp 45 Prozent verliert? Oder ein anderes Produkt, das circa 66 Prozent zulegt, während die Aktie über 22 Prozent verliert? Und was halten Sie von einem dritten Anlageinstrument, das rund 20 Prozent zulegt, wenn sich der Kurs des Basiswerts nicht verändert?

In diesem Buch soll es darum gehen, wie Sie das richtige Zertifikat für die jeweilige Börsensituation und Ihre Erwartungen finden. Welche kleinen, aber feinen Unterschiede zwischen der Vielzahl an Typen bestehen und wie diese vergleichbar gemacht werden können. Welche Produkte sinnvoll sind oder welche gern verkauften (und ebenso gern gekauften) Zertifikate weniger gut geeignet sind. Nebenbei möchte ich auch auf die von mir favorisierten Express-Zertifikate (siehe Kapitel 5.9) eingehen – die ansonsten zu Unrecht unbeachtet bleiben.

Ein Grund, weshalb sich viele Anleger nicht mit Zertifikaten beschäftigen, sind die hohen regulatorischen Hürden: Beispielsweise verlangt der Gesetzgeber die Veröffentlichung von „Endgültigen Bedingungen", die mehrere Dutzend Seiten umfassen. Term Sheets sind zwar eine Zusammenfassung dieser Unterlagen, umfassen häufig aber auch über zehn Seiten. Darüber hinaus verlangen staatliche Behörden noch sogenannte PRIIPs (Packaged Retail and Insurance-based Investment Products) und KIDs (Key Information Documents). Dies sind standardisierte Vorlagen, die Investoren über wesentliche Informationen zum Produkt und insbesondere über Risiken und Chancen unterrichten sollen. Aber trotz aller Informationen ist es für einen Anleger schwierig, Feinheiten herauszuarbeiten.

Wie komplex solche Broschüren sind, zeigte ich bei einer Veranstaltung des DDV[1] den anwesenden Emittenten. Ein Vergleich von Prospekten verschiedener Emittenten zu identischen Produkten belegte, wie unterschiedlich diese aufgebaut sind und wie kompliziert selbst die Suche nach einfachsten Angaben sein kann. Teilweise müssten Sie in einem Prospekt mehrere Seiten vor- und wieder zurückblättern, um bestimmte Stammdaten in Erfahrung zu bringen. Auch für einen Profi kein leichtes Unterfangen. Alle Anstrengungen in Richtung Vereinfachung und Transparenz, die der DDV seitdem unternahm, verliefen mehr oder weniger im Sande.

Da Sie sich in Ihrer Freizeit sicherlich nicht durch solche Pamphlete durcharbeiten möchten, benötigen Sie einen einfachen, aber dennoch exakten Überblick. Dieser beinhaltet immer auch die Darstellung von Stammdaten und Kennzahlen. Die Stammdaten eines Zertifikats sind der Emittent, der Basiswert, die Laufzeit, das Bezugsverhältnis sowie Basispreise. Diese werden bei der Emission festgelegt („gefixt“). Bei dem Basiswert (auch Basisinstrument oder Underlying) handelt es sich in der Regel um eine Aktie oder einen Index. Dessen Entwicklung beeinflusst maßgeblich den Preis eines Zertifikats. Daher auch der Oberbegriff „Derivat“[2], der aus dem Lateinischen kommt und zeigt, dass der Preis und das Anlageergebnis von der Entwicklung eines anderen Finanzinstruments abgeleitet werden.

Kennzahlen berechnen sich aus dem Kurs des Basiswerts und dem Produktpreis. Diese berücksichtigen dabei auch die Stammdaten sowie diverse Einflussfaktoren auf den Zertifikatepreis.

An wen wendet sich dieses Buch?

Das vorliegende Buch ist ein Praxishandbuch und kein Nachschlagewerk für optionspreistheoretische Formeln. Stattdessen versuche ich, mit eingängigen Grafiken zu arbeiten, um für Einsteiger den Zugang zum Zertifikatemarkt zu erleichtern. Ferner hoffe ich auch, dass fortgeschrittene Anleger, die bereits Erfahrungen mit Zertifikaten oder gar mit Hebelinstrumenten gesammelt haben, Anregungen finden und sie nun vertiefen können, um neuartige Zertifikatetypen und Einsatzmöglichkeiten kennenzulernen.

Neben diesem praxisorientierten Ansatz gibt es noch einen weiteren einfachen Grund, warum ich auf exakte Formeln verzichte: Einem potenziellen Käufer hilft es erfahrungsgemäß wenig, den theoretischen Preis (auch häufig als „fairer Wert" bezeichnet) berechnen zu können und daraus dann angeblich abzuleiten, ob er zu „teuer" oder doch zu „billig" gekauft hat. Stellen Sie sich vor, es gäbe nur eine Automarke. Ob der Neuwagenpreis gerechtfertigt oder die Gewinnmarge zu hoch (selten zu niedrig) ist, können Sie nicht abschätzen. Entweder Sie kaufen ein Fahrzeug oder Sie lassen es eben bleiben.

Hinzu kommt, dass Sie viele Einflussfaktoren abschätzen müssen: Hierzu gehören beispielsweise Dividendenschätzungen. Aber auch die Skew (Schiefe) und das Volatilitäts-Smile erschweren das Unterfangen, den „richtigen" Preis überhaupt berechnen zu können. Unter Skew versteht man die unterschiedlichen impliziten Volatilitäten von Call- und Put-Optionen, und mit dem Volatilitäts-Smile wird im Optionshandel das Phänomen bezeichnet, dass bei am Geld befindlichen Optionen (der Basispreis entspricht in etwa dem aktuellen Preis des Basiswerts) die Volatilitäten am niedrigsten sind. Weshalb gibt es ansonsten zwischen „gleichen" Produkten oft markante Preisunterschiede? Jeder Emittent wird seinen Preis für den einzig richtigen und wahren halten.

Daher zeige ich Ihnen bei der abschließenden Auswahl von Produkten auch, wie Sie das für Sie beste Zertifikat finden können.

Der Zertifikatedschungel ist für Privatanleger in mancher Hinsicht sehr unübersichtlich, und das Verständnis wird durch unterschiedliche Typenbezeichnungen für identische Produkte noch weiter erschwert. Idealerweise sollten Sie sich bereits mit den eigenen Finanzen beschäftigt haben und nicht mehr auf die Hilfe von Bankberatern angewiesen sein. Erfahrungen mit Zertifikaten sind von Vorteil, aber nicht zwangsläufig vonnöten. Im Vordergrund steht immer die Einsatzmöglichkeit eines Zertifikats in bestimmten Marktphasen, und erst danach geht es darum, wie es sich konstruieren lässt und welche Faktoren den Preis wie (stark) beeinflussen.

Bevor es richtig losgeht, möchte ich Ihnen einen ersten kurzen Überblick geben, für welche Anlagestrategie beziehungsweise Börsensituation welche Produkte geeignet sind. Damit finden Sie im Buch schneller die für Sie interessanten Zertifikate. In jedem Fall sollten Sie aber Kapitel 4, „Die ‚alternative' Optionspreistheorie", lesen, da dieses essenziell für das Verständnis der Produkterläuterungen ist.

Eine grobe Einteilung der wichtigsten Produkttypen finden Sie in Tabelle 1 auf der folgenden Seite. Sie müssen noch nicht alle Produkte kennen, weil ich die Typen im Detail noch beschreiben werde. Hierzu wird in den weiteren Kapiteln an erster Stelle eine Strategiebeschreibung erfolgen, bevor im Anschluss die Struktur näher beleuchtet wird, um dann das Feintuning (die Auswahl) durchführen zu können.
Wie Sie aber der Tabelle entnehmen können, sind die Grenzen fließend, sodass in der gleichen Situation verschiedene Zertifikate zur Auswahl stehen. Dem aufmerksamen Leser wird bereits jetzt aufgefallen sein, dass ähnliche Typen wie Discount-Zertifikat und Reverse Convertible unterschiedliche Erträge erzielen. Warum dies so ist, erkläre ich Ihnen anhand eines einfachen Schaubilds bei den Reverse Convertibles.

Sollten Ihnen ansonsten Begriffe nicht geläufig sein, so können Sie diese im Glossar nachschlagen. Allerdings kann ich Ihnen einige wichtige Vorbemerkungen und Grundlagen zunächst nicht ersparen, da es sich hierbei um zentrale Aussagen handelt. In Kapitel 5 werde ich

Produkt	Baisse	fallende Kurse	moderat fallende Kurse	stagnierende Kurse	moderat steigende Kurse	steigende Kurse	Hausse
Discount-Zertifikat			3-6%	6-10%	10-20%		
Protect-Discount-Zertifikat		3-5%	5-8%	8-12%	12-20%		
Reverse Convertibles			2-5%	5-8%	8-15%		
Protect Reverse Convertibles		3-5%	3-5%	5-8%	8-15%		
Indextracker				wie Basiswert			
Bear Indextracker	wie Put						
Bonus-Zertifikate		3-6%	3-6%	6-10%	10-20%	wie Basiswert	
Reverse-Bonus-Zertifikate	wie Put		10-20%	6-10%	3-6%		
Reverse-Protect-Discount-Zertifikate			10-20%	6-10%	3-6%		
Garantie-Zertifikate			0-1%	1-3%	3-6%		
Express-Zertifikate		6-10%	6-10%	10-15%	10-20%	10-20%	

Tabelle 1: Produkte, Einsatzmöglichkeiten und Renditeschätzung

Ihnen dann anhand der Einsatzmöglichkeiten von Discount-Zertifikaten zeigen, wie Sie in Zukunft das „beste Produkt“ finden werden.

Nun wünsche ich Ihnen viel Spaß bei der Lektüre und der Entdeckung von neuen Zertifikatewelten.

1

Historische Betrachtung des Zertifikatemarkts

Etwas strittig ist, wann das erste Zertifikat emittiert wurde. Während einige Finanzpublikationen das Jahr 1990 nennen, hat der DDV das Ereignis auf 1989 terminiert. In jedem Fall war es ein DAX-Index-Zertifikat (damals noch als Partizipationsschein bezeichnet) und sorgte für eine Revolution am Anlagemarkt, da Investoren erstmals mit einem Wertpapier in den DAX investieren konnten. Die anfänglichen Preise lagen um 200 DM, jedoch mussten mindestens 50 Stück erworben werden, sodass insgesamt immer noch circa 10.000 DM angelegt werden mussten, um den deutschen Leitindex zu kaufen. Seit Anfang 1999, und damit lange vor der Einführung von Euromünzen und -geldscheinen, notiert der DAX in Euro – vorher erfolgte die Preisnotierung noch in D-Mark. Diese Umstellung von DM auf Euro sorgte auch dafür, dass in den Datenabteilungen der Banken und Finanzmedien sehr viel Zusatzarbeit geleistet werden musste.

Bei den ersten Produkten wurde weniger auf werbeträchtige Namen geachtet, sondern es gab Produktbeschreibungen wie beispielsweise „Inhaberschuldverschreibung mit Andienungswahlrecht des Emittenten“. Schon hieraus lässt sich ablesen, dass es sich bei Zertifikaten um ungesicherte Anleihen eines Emittenten handelt. Im Fall einer Insolvenz (siehe hierzu den Abschnitt „Emittentenrisiko“) kann das Finanzinstitut seiner Zahlungsverpflichtung nicht mehr nachkommen, und Ihr Zertifikat wird wertlos ausgebucht.

Ein weiterer Meilenstein war das erste Discount-Zertifikat im Jahr 1995, auf das in den folgenden Jahren unzählige Innovationen folgten. Hierzu zählen vor allem die Protect-Varianten, bei denen immer der Höchstbetrag ausgezahlt wird, wenn ein bestimmtes Kursniveau innerhalb eines vorgegebenen Zeitraums nicht unterschritten wird. Später wurde diese Struktur weiterentwickelt, sodass Anleger nicht nur von steigenden, sondern auch von fallenden Kursen (Reverse Protect) profitieren konnten.

Optionsscheine gibt es dagegen schon weitaus länger. Die ersten Covered Warrants (gedeckte Optionsscheine oder kurz CW) wurden Ende der 1980er-Jahre begeben. Covered Warrants sind ursprünglich von Emissionshäusern herausgegebene Optionsscheine, die das Recht zum physischen Bezug verbriefen. Mittlerweile wird auf einen Deckungsbestand verzichtet, und die Positionen sind nicht mehr durch den Kauf oder das Halten von Aktienbeständen durch andere Finanztransaktionen abgesichert. Noch älter sind Anleihen, bei denen statt eines Kupons Optionsscheine angehängt wurden. Diese sogenannten Optionsanleihen wurden bereits Mitte der 1980er-Jahre insbesondere von japanischen Unternehmen gern zur Finanzierung genutzt. Die Kurssprünge an der japanischen Börse führten dazu, dass mancher Optionsschein fünfstellige DM-Beträge kostete. Unter dem Schlagwort „historische Optionsscheine“ finden Sie online Links zu diesen alten Wertpapieren, die teilweise sehr aufwendig gestaltet wurden. Heute gibt es diese Urkunden nur noch in elektronischer Form.

Zwei weitere am Derivatemarkt beliebte Produkte sind – gemessen am Alter – kaum den Kindesbeinen entwachsen. Die ersten Knock-outs (Turbos, auch Mini-Futures genannt) wurden 2001 emittiert. Bonus-Zertifikate kamen gar erst um 2003 auf den Markt. In Vergessenheit geraten sind hingegen viele Spezialprodukte, wie zum Beispiel Onions, X-Tra-Chance-Calls oder Chooser-Optionen, die aus Warrants (Optionsscheine) mit zwei oder mehr Optionen konstruiert wurden. Noch vor einigen Jahrzehnten mussten sich die Emittenten die Begebung von Optionsscheinen auf Aktien des Unternehmens genehmigen lassen. Gesellschaften wie Siemens oder Münchener Rück wollten aber keine Puts genehmigen. Die niederländische Rabobank setzte sich darüber hinweg. Sukzessive bröckelte das „Nein" zu Verkaufsoptionsscheinen, weil offensichtlich erkannt wurde, dass die Optionsschein-Emissionen mit der Kursentwicklung nichts zu tun hatten.

Ein Revival erlebten Jahre nach der ersten Emission die zunächst als „Rolling Minis" begebenen und später als Faktor-Zertifikate bekannt gewordenen Hebelprodukte. Bei diesen Produkten wird täglich der Hebel „zurückgestellt" – eine in meinen Augen überschätzte Struktur, da nur die wenigsten Profis damit richtig umgehen können und sie für Sie als Privatanleger eher ungeeignet sind.

Betrachten Sie den heutigen Markt für Anlage- und Hebelinstrumente, so wird dieser, gemessen an der Stückzahl, eindeutig von Hebelinstrumenten, Optionsscheinen und Knock-outs dominiert. Bei den derzeit circa 2,07 Millionen[1] Produkten entfallen annähernd 1,52 Millionen auf Hebelinstrumente. Auf Discount-Zertifikate und Reverse Convertibles entfallen über 326.000 Produkte. Sie stellen knapp 72 Prozent der Zertifikate auf dem Markt. Den Rest teilen sich Indextracker, Express-, Garantie- und Bonusprodukte.

2

Wichtige Voraussetzungen für den persönlichen Erfolg

Viele Anleger glauben, dass sie an der Börse erfolgreich sein werden, wenn sie nur die richtige Aktie kaufen. Das ist jedoch nur ein Teil der Wahrheit: Neben dem „glücklichen Händchen" bei der Titelauswahl müssen auch einige persönliche Voraussetzungen erfüllt sein. Da dies kein Buch zum Thema Trading-Psychologie ist, werden nur einige Aspekte aufgegriffen.

Beginnen wir mit den typischen Anlegerfehlern, die wahrscheinlich jeder Investor schon einmal begangen hat. Sie werden sehen, dass Ihnen Zertifikate helfen, viele dieser Fehler zu vermeiden – weil diese Produkte andere Zahlungsströme als Aktien ermöglichen, träge reagieren und so weiter. Während der Gewinn bei Unternehmensanteilen allein von der Kurs- und Dividendenentwicklung abhängt, können mit Zertifikaten für nahezu alle Börsenwetterlagen entsprechende Strukturen gefunden werden.

2.1 Typische Anlegerfehler und wie Sie diese mit Zertifikaten vermeiden

In Geldangelegenheiten sind viele Deutsche unerfahren und verschwenden reichlich Geld mit den immer gleichen, typischen Fehlern. Der häufigste Fehler ist, dass Anlegergelder auf schlecht verzinsten Konten liegen, anstatt Chancen am Aktienmarkt zu nutzen. Andere Gründe liegen in der Psyche des Menschen. Wenn Sie diese aber erst einmal reflektiert haben, werden Sie Fehler auch leichter vermeiden.

2.1.1 Seien Sie nicht gierig

Seltsamerweise interessieren sich weniger Anleger für einen sukzessiven Vermögensaufbau als für schnelle Kursgewinne an den Aktienmärkten. Einerseits steht man 30 oder 40 Jahre im Arbeitsleben, aber an der Börse will man nach Möglichkeit in wenigen Jahren Millionär werden. Allerdings wird auch gern vergessen, dass Chancen und Risiken an der Börse eng miteinander verbunden sind. Wenn Sie höhere Gewinne wollen, müssen Sie auch höhere Risiken einkalkulieren. Sie sollten sich aber nicht von der Aussicht auf schnelle Gewinne in spekulative Anlagen locken lassen, zumal dann ein „Schutzmechanismus" einsetzt, der anderen die Schuld für das eigene Versagen gibt.

Zertifikate sind in ihrer Grundtendenz eher defensive Anlageprodukte, die aber bei richtiger Auswahl dennoch ertragreich sein können. Mit manchen Strategien können Sie sogar Gewinne einfahren, die in puncto Performance Aktien in den Schatten stellen, aber durch ein Sicherheitsnetz eine höhere Eintrittswahrscheinlichkeit besitzen.

2.1.2 Setzen Sie nicht alles auf eine Karte

An den Aktienmärkten wechseln sich Trends immer ab. Eine Region, Branche oder Aktie läuft in einem Jahr noch gut und im darauffolgenden

Zeitraum schlecht. Der Neue Markt, Rohstoffe oder Kryptowährungen sind Beispiele für teilweise kurzlebige Trends. Streuen Sie daher Ihr Vermögen über Länder und Branchen. Vermeiden Sie auch den sogenannten „Home Bias". Darunter versteht man den Fehler, dass Sie den Schwerpunkt zu sehr auf heimische Investments, wie Aktien aus dem DAX oder Bundesanleihen, setzen. Für den Einstieg und Aufbau eines aussichtsreichen Depots sind für Sie daher ETFs auf einen Weltindex (MSCI oder FTSE) prädestiniert.

Angesichts der Produktvielfalt und der vielen Basisinstrumente bestehen immer Chancen, an der Kursentwicklung an irgendeinem Aktienmarkt zu partizipieren. Mit einem Investment in verschiedene Zertifikate-Strukturen und Basiswerte gelingt Ihnen sehr einfach eine breite Streuung über Länder, Regionen und so weiter hinweg.

2.1.3 Hin und Her macht Taschen leer

Das häufige Umschichten verursacht neben hohen Kosten auch häufig eine schlechte Depotrendite. Selbst vor Abzug von Kosten war der Gewinn von eifrigen Tradern historisch am schlechtesten. Dies belegte eine Studie der Professoren Andreas Hackethal und Steffen Meyer im Auftrag der Zeitschrift *Finanztest*.[1] Diese kam zu dem Ergebnis, dass aktive Anleger mit fünf oder mehr Orders pro Monat zwischen drei und vier Prozent an Rendite vor Kosten verlieren. Hyperaktive Trader erzielen nach Kosten sogar eine um acht Prozent schlechtere Rendite. Warren Buffett meinte einmal dazu: „Vor langer Zeit hat Sir Isaac Newton für uns die drei allgemeinen Bewegungsgesetze definiert, ein Geniestreich. Aber beim Investieren hatte er kein Glück. Er hat in der Südseeblase viel Geld verloren und gesagt: ‚Ich kann die Bewegung der Sterne voraussagen, aber nicht den Wahnsinn der Menschen.' Leider hat er dann nicht mehr weitergemacht, sonst wäre ihm ein viertes Bewegungsgesetz aufgefallen: Für Investoren verringern sich die Einnahmen, je aktiver sie werden."[2]

Besser ist es daher, wenn Sie sich nur ein- oder zweimal im Jahr mit Umschichtungen Ihres Depots befassen und die restliche Zeit die Anlagen laufen lassen. Mit passiven Investments sind insbesondere Börseneinsteiger gut beraten.

Zertifikate helfen Ihnen auch hier, da durch eine gewisse „Kursträgheit" der Produkte die Versuchung, frühzeitig zu verkaufen, gedämpft wird und Sie so per saldo in den Wertpapieren länger investiert bleiben. Außerdem besteht eine wichtige Ertragsquelle von Zertifikaten im Abbau des Zeitwerts: Weil Sie einfach nur abwarten, erzielen Sie als Anleger Gewinne.

2.1.4 Verluste laufen lassen, Gewinne realisieren

Niemand möchte ein Verlierer sein! Daher wird über Gewinne an der Börse ständig schwadroniert, während Verluste totgeschwiegen werden. Stattdessen wird bei Verlustpositionen auf das Prinzip Hoffnung gesetzt, wonach sich der Kurs doch sicher irgendwann einmal wieder erholen wird. Genauso unsinnig ist es, einstige Höchststände als mögliche Kursziele auszumachen. Wie viele Aktien, die um die Jahrtausendwende am Neuen Markt in Deutschland notiert waren, sind noch gelistet oder haben auch nur einen Teil der Verluste von 80 oder 90 Prozent wieder wettgemacht? Umgekehrt hätten diese Anleger niemals Anteile an wirklichen Highflyern wie Amazon oder Tesla gekauft, weil sie ja schon zu „teuer" waren. Eine Studie von Cookson, Engelberg und Mullins[3] untersuchte das Anlegerverhalten auf StockTwits, dem Aktien-Pendant zu Twitter, zwischen Januar 2013 und Juni 2020. Das Ergebnis war, dass Anleger dazu neigen, das zu lesen, was ihrer Meinung entspricht. Die bullishen Nutzer folgten mit einer fünfmal höheren Wahrscheinlichkeit anderen Nutzern mit der gleichen Einschätzung als Nutzern mit einer anderen Einschätzung. Diese selektive Wahrnehmung führt dazu, dass gutgläubig in Aktien investiert wird und Verluste ignoriert werden.

Zertifikate verändern sich natürlich auch im Preis, insbesondere entstehen kurzfristige Preisschwankungen aufgrund von Veränderungen des Aktienkurses. Durch zusätzliche Absicherungen werden aber teilweise sogar Verluste in Gewinne umgemünzt. Folglich kann man als Zertifikatekäufer auch viel beruhigter auf Kursrückgänge des zugrunde liegenden Basiswerts reagieren und Verluste aussitzen. Der Kurseinbruch der Varta-Aktie, den ich Ihnen im Rahmen der „Fallen Angels"-Strategie zeigen werde, ist hierfür ein sehr gutes Beispiel. Es zeigt Ihnen, wie Sie solche Kursrückschläge für überproportionale Gewinne nutzen können.

2.1.5 Ein heißer Tipp

Häufig entstammt der heiße Tipp einem Eigeninteresse. Ein typisches Beispiel ist ein Tippdienst, der Aktien aus den Highflyer-Bereichen Minen oder Technologie vorab kauft und dann eine gewisse Zeit verstreichen lässt, um nicht den Anschein des sogenannten Frontrunnings zu vermitteln. Nachdem genügend Aktien eingesammelt wurden, kommt Phase 2: Der Börsenmantel wird aufgehübscht und Tipps mit utopischen Kurszielen werden ausgegeben. Nahezu täglich kommen neue Meldungen zum Unternehmen. Ein „Börsendienst" empfahl vor einigen Jahren Anteile an einem Unternehmen, das Marketingartikel für eine geplante Marsmission verkaufen durfte. Es handelte sich dabei aber nur um eine einst im Bereich Exploration tätige Unternehmung, die wiederbelebt wurde und einen neuen hübschen Namen erhielt.

John „Jack" Bogle, Gründer von Vanguard, schrieb über solche heißen Tipps einmal: „Investieren ist nicht annähernd so schwierig, wie es aussieht. Um erfolgreich zu investieren, muss man ein paar Dinge richtig machen und schwere Fehler vermeiden." Einen heißen Tipp zu befolgen gehört sicherlich eher zu den schweren Fehlern. Ähnliches gilt, sobald sogar in anlagefernen Zeitungen und Zeitschriften Artikel erscheinen, dass jetzt der richtige Zeitpunkt zum Einstieg sei. Dann sollten Ihre Alarmglocken schrillen, und Sie sollten eher das Gegenteil unternehmen.

Auch hier sind Zertifikate eine gute mentale Unterstützung, denn auf „heiße" Werte gibt es nur selten auch Zertifikate. Die meisten Basiswerte sind bekannte Indizes oder Aktien aus der ersten und zweiten Börsenliga.

2.2 Risiko- und Money-Management

Bevor Sie überhaupt ein – möglicherweise vielleicht sogar das erste – Wertpapier kaufen, müssen Sie sich eine entscheidende Frage stellen: Welcher Anlegertyp bin ich? Welche Verluste kann ich verkraften – auch mental? Ihre Geldanlage sollte so erfolgen, dass Sie nachts ruhig schlafen können. Je nachdem, wie Sie die Frage beantworten, sollten Sie die Produkte auswählen. Als risikoscheuer Investor werden Sie sicherlich keine Optionsscheine kaufen. Sind Sie spekulativer Anleger, sind Garantie-Zertifikate für Sie langweilig. Sie müssen also Ihre Risikobereitschaft[4], den Anlagehorizont sowie Ihr aktuelles Vermögen und Einkommen berücksichtigen. Gegebenenfalls hilft es Ihnen, wenn Sie ein konservatives und ein hiervon getrenntes spekulatives Depot führen. In das spekulative Depot übertragen Sie beispielsweise jedes Jahr einen Teil der Dividende und der Zinsen. Umgekehrt nutzen Sie die Gewinne, um Ihre konservativen Wertanlagen sukzessive aufzustocken, wenn ein gewisser Depotwert überschritten wurde.

Leider wird der Bereich des Risiko- und Money-Managements[5] von vielen Anlegern und Tradern unterschätzt, obwohl es der Schlüssel zum Anlageerfolg ist. Das Risikomanagement umfasst alle Gefahren, die eine Geldanlage haben kann. Hier kann unterschieden werden zwischen makroökonomischen Risiken wie Konjunktur-, Inflations- und Zinsrisiken sowie mikroökonomischen Aspekten wie Gewinnentwicklung und Bonität eines Unternehmens. Dazu muss auch noch die geplante Anlagedauer einfließen, die ausschlaggebend für die Aktienquote ist.

Zum Money-Management gehört es, dass Sie sich über den Einsatz pro Trade und die Auswirkung auf Ihr Depot Gedanken machen. Wenn ein Verlust von 1.000 Euro mehr als zehn Prozent Minderung für das gesamte Portfolio bedeutet, dann müssen Sie entweder das maximale von Ihnen tolerierbare Risiko oder die Positionsgröße anpassen.

Und nochmals: Das Fundament erfolgreicher Geldanlage ist das Risiko- und Money-Management. Je mehr Sie dies beherzigen, umso nachhaltiger werden Ihre Anlagegewinne sein.

3

Auch das sollten Sie vorab noch wissen

Zunächst möchte ich auf einige Themen eingehen, die grundsätzlich für den Handel mit börsennotierten Wertpapieren gelten. Außerdem will ich einige Halbwahrheiten im Zusammenhang mit dem Handel von Zertifikaten aus dem Weg räumen.

3.1 Orderaufgabe und Ausführung

Eine Lehrerin im Fach Wirtschaft am Gymnasium wollte meinen Kindern erzählen, dass man zur Börse nach Frankfurt oder Stuttgart fahren müsse, um dort vor Ort direkt Aktien zu kaufen! Sie können sich ausmalen, welche Gesichter die Börsenhändler machen würden, wenn jemand dieses Vorhaben in die Tat umsetzen würde.

Bevor Sie die erste Order aufgeben, benötigen Sie zunächst ein Depot. Ob Sie dieses bei Ihrer Hausbank oder bei einem Discount-Broker eröffnen, liegt bei Ihnen. Beides hat seine Vor- und Nachteile. Für die Hausbank spricht möglicherweise die Beratung, während Discount-Broker hierauf verzichten, aber weitaus günstiger sind. In dem Depot werden dann die Wertpapiere virtuell verbucht. Es ist also kein Schließfach, in dem Sie Wertgegenstände physisch aufbewahren. Der Kauf von börsennotierten Produkten erfolgt über eine sogenannte Ordermaske, die der Erfassung Ihrer Order dient. Jedes in Deutschland handelbare Wertpapier hat eine sechsstellige Wertpapierkennnummer (WKN) und eine zwölfstellige ISIN (International Security Identification Number). Diese setzt sich aus einem zweistelligen Ländercode, anhand dessen Sie das „Herkunftsland" erkennen können, gefolgt von neun Zahlen und/oder Buchstaben sowie einer Prüfziffer am Ende zusammen. Die WKN der Bayer-Aktie ist BAY001. Da es sich um eine deutsche Aktie handelt, lautet die ISIN DE000BAY0017. Wie Sie sehen, ist hier die WKN ein Teil der ISIN. Wollen Sie beispielsweise Anteile an Tesla erwerben, geben Sie die WKN A1CX3T oder die ISIN US88160R1014 ein.

Ferner legen Sie noch die Anzahl der Wertpapiere fest und wählen den gewünschten Börsenplatz aus. Für Optionsscheine und Zertifikate können dies Stuttgart oder Frankfurt sein, alternativ ist auch der Direkthandel mit einem Emittenten möglich. Zusätzlich können Sie in allen Fällen ein Limit angeben und bestimmen, wie lange Ihre Order Gültigkeit besitzen soll. Das Limit ist der Preis, zu dem Sie das Wertpapier höchstens kaufen möchten. Die Gültigkeitsdauer des Limits können Sie entweder nur auf einen Tag (tagesgültig) oder auf eine bestimmte Frist (in der Regel Monatsende) festlegen. Sobald Sie alle Angaben getätigt haben, schicken Sie Ihre Order ab. Wollen Sie ein Produkt wieder verkaufen, wählen Sie dieses in Ihrem Onlinedepot aus, legen einen Börsenplatz, die zu verkaufende Stückzahl und ein Verkaufslimit fest. Das Verkaufslimit entspricht dann in diesem Fall dem Mindestpreis, den Sie erzielen wollen.

An der Börse selbst wird anschließend geprüft, ob die Limits ausgeführt werden können. Bei Zertifikaten und Optionsscheinen erfolgt zusätzlich eine Überprüfung auf Plausibilität des Produktpreises. Dieser vollelektronische Prozess dauert teilweise nur Bruchteile einer Sekunde, sodass Sie bei passenden Limits schnell eine Ausführungsbestätigung erhalten.

Orders können in Deutschland in der Regel zwischen 8:00 Uhr und 22:00 Uhr platziert werden. Dies gilt sowohl für den börslichen Handel in Frankfurt und Stuttgart sowie für den außerbörslichen Handel direkt mit einem Emittenten.

3.2 Mistrades

Im Finanzwesen versteht man unter einem Mistrade ein fehlerhaftes Handelsgeschäft. Das kann zum Beispiel der berühmte „dicke Finger" sein. Im Dezember 2001 verkaufte ein Händler anstatt 16 Aktien zu je 600.000 Yen fälschlicherweise 610.000 Papiere zu 6 Yen.

Im Zusammenhang mit Derivaten geht es hingegen um falsche Preise, die aus falschen Inputparametern bei der Preisberechnung resultieren. 2015 kaufte ein deutscher Wertpapierhändler und bekannter Arbitrageur für rund 325.000 Euro Zertifikate, die tatsächlich einen Wert von circa 163 Millionen Euro besaßen – ein „nettes" Geschäft. Kommt es zu solchen fehlerhaften Preisbildungen, werden sie unter Abwägung der Interessen der Handelspartner entweder aufgehoben oder der entsprechende Antrag auf Aufhebung wird abgelehnt, insbesondere bei einem Schaden unter den Kosten für einen Antrag von 1.000 Euro. Zur Sicherstellung der Markttransparenz veröffentlichen die Börsen in Frankfurt und Stuttgart sogenannte Mistrade-Listen.[1]

3.3 Das Emittentenrisiko

Am frühen Montagmorgen des 15. September 2008 bahnte sich mit der Konkursanmeldung der Investmentbank Lehman Brothers eine

Finanzkrise an, die beinahe die Welt in den Abgrund gezogen hätte und die die schwerste seit den 1930er-Jahren war.

Aufgrund von Fehlspekulationen mit Hypothekenkrediten für US-Immobilien zögerten Anleger angesichts der steigenden Kreditausfälle, den Banken Geld zu geben. Auch untereinander liehen die Banken einander kein Geld mehr, weil sie fürchten mussten, dass auch andere Institute in den Strudel gezogen wurden. Da Rettungsversuche durch andere Banken scheiterten, war das Schicksal der Lehman-Bank besiegelt: Am Morgen des 15. September 2008 wurde pünktlich zum Börsenstart die Insolvenz bekannt gegeben. Diese Nachricht schockierte die Finanzwelt. Die Folge waren massive Kursverluste, vor allem bei Aktien aus der Bankbranche und überschuldeten Unternehmen. Der Aktienindex Dow Jones Industrial Average verlor zeitweise 500 Punkte und verzeichnete damit den größten Kurssturz seit den Anschlägen des 11. September 2001.

Im Zuge der Lehman-Pleite ging auch in Deutschland die Angst um. Insbesondere bei der Commerzbank und der Hypothekenbank HRE war die Furcht vor einer Pleite groß. Daraufhin wurde schnell ein Hilfspaket geschnürt, um eine vergleichbare Katastrophe bei „systemrelevanten" Finanzinstituten in Deutschland und Europa zu verhindern. Dennoch war das Vertrauen der Anleger erschüttert, und das wirkte sich auf sämtliche Segmente von den Anleihe- bis zu den Aktienmärkten aus.

Um das Vertrauen wieder zurückzugewinnen, wurden erhebliche Anstrengungen unternommen, insbesondere von Derivateverbänden wie dem DDV. Im Bereich der Zertifikate war eine Maßnahme die Ausgabe von sogenannten Credit Default Swaps (CDS). Ein CDS ist ein Kreditderivat, bei dem Ausfallrisiken von Krediten, Anleihen oder Schuldnern gehandelt werden. Die Kreditausfallversicherungen werden dabei als Aufschlag auf staatliche Referenzanleihen angegeben. Damit stellen die angegebenen Basispunkte (BP) eine Versicherungsprämie dar, die der Versicherungsnehmer zu entrichten hat, um sich gegen einen Ausfall der Schuldverschreibungen des jeweiligen Unternehmens abzusichern. Der Vorteil von CDS ist, dass diese Prämien noch zeitnäher und genauer als Ratings Aufschluss über die Bonität eines Unternehmens geben können. Grundsätzlich gilt: Ein niedriger CDS – also eine geringe Risikoprämie – spricht für eine hohe Bonität und umgekehrt. Die CDS bewegen sich aktuell zwischen 37,36 BP bei der ING-DiBa und 333,3 BP bei der sich in Turbulenzen befindlichen Schweizer Großbank Credit Suisse.[2] Der Mittelwert der 29 Emittenten beträgt 78,67 BP beziehungsweise 69,2 BP ohne die Credit Suisse, die am Zertifikatemarkt ohnehin kaum in Erscheinung tritt.

Um diese Zahlen genauer einordnen zu können, nachfolgend ein Überblick für große deutsche DAX-Konzerne:

	CDS
Allianz	37,5
BMW	61,8
Henkel	35,5
Siemens	39,1
Volkswagen	102,4

Tabelle 2: CDS einiger bekannter Unternehmen aus dem DAX

Wie Sie sehen, bewegen sich die CDS der Emittenten und anderer Unternehmen auf vergleichbaren Niveaus. Oder anders ausgedrückt: Das Emittentenrisiko eines Zahlungsausfalls wird ähnlich eingeschätzt wie das von führenden deutschen Unternehmen. Das Emittentenrisiko ist also aktuell genauso hoch oder niedrig wie beim Kauf einer Anleihe eines DAX-Konzerns. Während aber das Emittentenrisiko als finanzielle Bedrohung für den Anleger aufgebauscht wird, bleibt das Anleiherisiko meistens unerwähnt.

Mit einem freiwilligen Fairnesskodex und einem Nachhaltigkeitskodex hat der DDV Anstrengungen unternommen, um das Vertrauen der Anleger in den Zertifikatemarkt wieder zu stärken.

3.4 Der Handel mit Optionsscheinen und Zertifikaten

Im Gegensatz zum Aktienhandel, bei dem es erst durch Angebot und Nachfrage zu einem liquiden Handel kommen kann, ist ein liquider Handel von Optionsscheinen und Zertifikaten (fast) immer gegeben. Der Hintergrund hierfür ist, dass der Emittent immer Preise für den Kauf oder Rückkauf sowie die entsprechende Stückzahl (Size) stellt. Daher ist es auch ein Irrglaube, wenn Anleger nur solche Produkte handeln, in denen bereits Umsätze getätigt wurden, weil sie nur diese für liquide halten. Der einzige Vorteil von häufig gehandelten Instrumenten ist, dass der Handel bei einer entsprechenden Order innerhalb des Spreads möglich sein kann. Der Spread ist die Differenz zwischen dem Kaufpreis (Ask) und dem Verkaufspreis (Bid). Bei umsatzstarken Basiswerten wie zum Beispiel dem DAX ist dieses Umsatzargument aufgrund der engen Spreads nicht wirklich ausschlaggebend.

Der Umsatz in einem Optionsschein oder Zertifikat ist darüber hinaus kein Qualitätsmerkmal, da dieser auch durch Empfehlungen von Börsendiensten ausgelöst worden sein kann. Hier gibt es verschiedene Beweggründe, warum ein Produkt empfohlen wird.

Um jedoch ähnliche Produkte vergleichen zu können, sollten Anleger durchaus auf den homogenisierten Spread achten. Dieser ergibt sich, wenn der Spread des Produkts durch sein Ratio geteilt wird. Das Ratio gibt an, wie viele Produkte ich kaufen muss, um eine Einheit des Underlyings zu kontrollieren. Bei Instrumenten auf Aktien beträgt das Ratio zumeist 1 oder 0,1, bei Währungen 100 und bei Indizes 0,1 oder 0,01. Hier wird dann häufig der nächste Fehler gemacht, dass nur auf den absoluten Produktpreis geachtet wird. Wenn beide Produkte einen Spread von 0,1 Euro haben, dann führt ein kleineres Ratio zu einem höheren homogenisierten Spread. Dies wiederum hat zur Folge, dass das vermeintlich günstige Produkt tatsächlich einen höheren Preis hat. Oder noch anders ausgedrückt: Um den Spread zu verdienen, wird eine stärkere Preisänderung des Basiswerts benötigt.

In Deutschland ist der Handel mit Optionsscheinen und Zertifikaten an den Börsen in Stuttgart und Frankfurt in der Regel zwischen 8:00 Uhr und 22:00 Uhr möglich, sofern der Emittent Preise vorgibt. Der außerbörsliche Handel direkt mit dem Emittenten ist ebenfalls von 8:00 bis 22:00 Uhr möglich.

Während der Kernhandelszeit in Deutschland, also zwischen 9:00 Uhr und 17:30 Uhr, sind die Spreads enger. Bei US-Aktien schrumpft die Geld-Brief-Spanne (so die deutsche Bezeichnung des Spreads) häufig erst mit Eröffnung der Märkte in Übersee, also ab 15:30 Uhr. Folglich sollten Sie als Anleger Optionsscheine und Zertifikate auch erst dann ordern.

Noch ein Tipp, um Kosten zu sparen: Discount-Broker bieten für manche Emittenten besonders günstige Handelsgebühren an. Im Rahmen von Sonderaktionen kann damit teilweise schon ab mittleren dreistelligen Beträgen ohne weitere oder mit nur sehr geringen Kosten direkt gehandelt werden.

4

Die „alternative" Optionspreistheorie

Im Zusammenhang mit Zertifikaten wird häufig von unverständlichen oder komplizierten Produkten gesprochen. Das trifft zunächst sicherlich auf die Funktionsweise der Produkte zu. Nicht gerade hilfreich sind dann schlecht recherchierte Artikel, bei denen sich die Autoren nur alter Vorurteile bedienen.

Das Produktverständnis kann man sich aber unabhängig von den komplizierten Pricing-Formeln zur Optionsbewertung durch eine vereinfachte Betrachtung der Einflussfaktoren aneignen.

Der Vorwurf der Komplexität entsteht meist aus den Beobachtungen der Kursbewegungen, die für Privatanleger zunächst willkürlich erscheinen. Damit sind wir aber bereits bei der zentralen Frage: Was beeinflusst überhaupt den Preis eines Zertifikats beziehungsweise eines Optionsscheins? Die wesentlichen Einflussfaktoren sind:

- die Preisänderungen des Basiswerts
- die implizite Volatilität

- die Laufzeit des Produkts
- die (erwarteten) Dividendenausschüttungen
- der Zins

Wie eingangs erwähnt, kommt es mir nicht so sehr darauf an, den genauen quantitativen Einfluss dieser Faktoren auf den Preis zu berechnen, sondern Ihnen die qualitativen Auswirkungen zu zeigen. Zumal es wenig Sinn macht, einen objektiven Preis mit subjektiven Schätzungen zu berechnen. Machen Sie einmal den Test und nutzen Sie einen Optionsschein-Rechner im Internet. Bei den meisten Anbietern lassen sich die ausschlaggebenden Determinanten durch einen Schieberegler leicht ändern. Am Ende haben Sie einen „theoretischen Wert" errechnet. Leichte Änderungen der Parameter können bereits zu mehr oder weniger deutlichen Preisveränderungen führen. Wenn Sie also den theoretischen Wert eines Zertifikats berechnen, so muss dieses Ergebnis nicht automatisch mit dem eines anderen Anlegers übereinstimmen. Wenn Sie nun feststellen, dass der errechnete Wert nicht mit dem Börsenpreis übereinstimmt, dann haben Sie nichts gewonnen: Entweder Sie kaufen das Produkt oder nicht, denn auch ein vermeintlich günstiges Zertifikat kann überteuert eingekauft werden. Denken Sie immer daran: Es gibt nicht die „richtige" Volatilität oder den „korrekten" Zinssatz, ebenso wenig wie wir hundertprozentig wissen können, wie hoch die Dividende in zwei oder drei Jahren ausfallen wird, auch wenn die nächste Ausschüttung und der Termin schon bekannt sind.

Beschäftigen wir uns daher lieber mit den qualitativen Auswirkungen. Hierzu verwende ich gern folgendes einfaches Modell: Wir gehen von der Annahme aus, dass eine Aktie oder ein Index an jedem Tag steigen oder fallen kann (stagnierende Preise einmal unberücksichtigt gelassen). Nach sechs Tagen würden sich die folgenden Kombinationen aus steigenden und fallenden Notierungen ergeben und das Baumdiagramm hätte folgendes Aussehen:

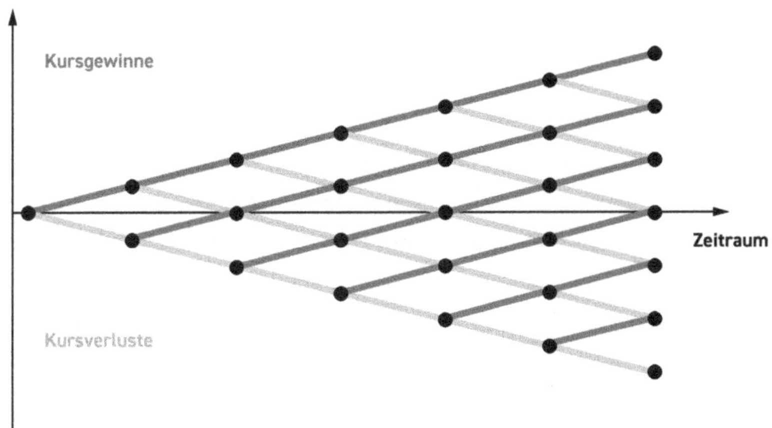

Grafik 2: Symbolische Kursentwicklung eines Basiswerts nach sechs Tagen

Wählen Sie einen sehr langen Zeitraum, so sind die einzelnen Kursbewegungen nicht mehr für sich genommen erkennbar, sondern verschmelzen zu einer Dreiecksfläche:

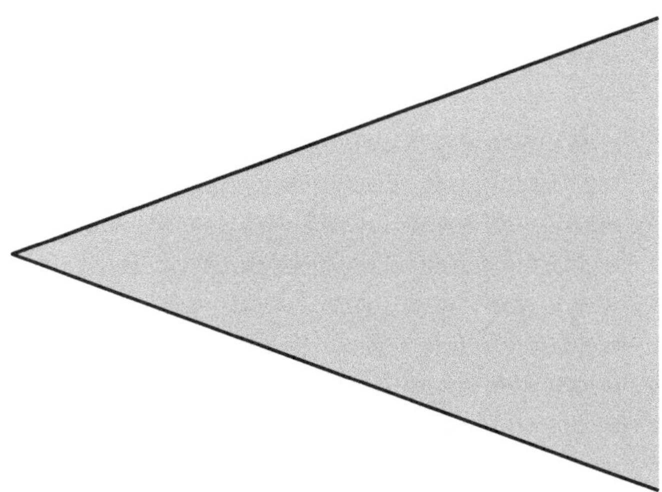

Grafik 3: Kursentwicklung des Basiswerts nach einem sehr langen Zeitraum

4.1 Basispreis

Betrachten wir zunächst eine Kaufoption: Eine Option ist immer nur ein Recht und keine Pflicht. Bei einer (Kauf-)Option werden Sie das Ausübungsrecht nur dann ausüben, wenn Sie einen Gewinn erzielen. Ignorieren wir zunächst den Preis der Option, dann ist Ihr Gewinn die Differenz zwischen dem aktuellen Kurs des Underlyings und dem Basispreis. In Grafik 4 sind zwei unterschiedliche Basispreise dargestellt. Alle Punkte oberhalb der Linien stellen die möglichen Gewinnpunkte der jeweiligen Option dar.

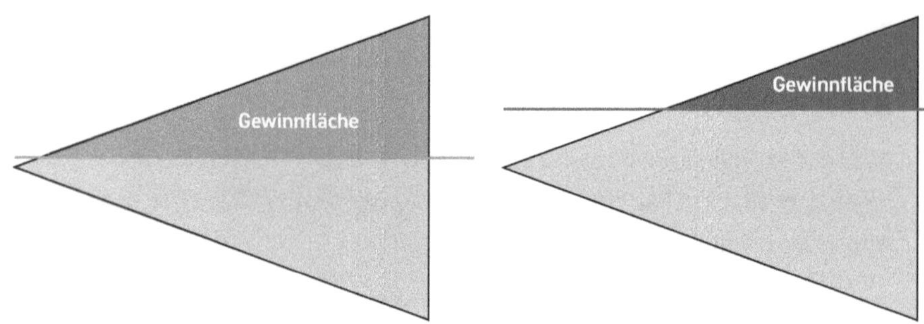

Grafik 4: Preisflächen der Optionen mit unterschiedlichen Basispreisen

Betrachten Sie nun die rechte „Gewinnfläche". Die Fläche ist kleiner als die linke, weil der Basispreis 2 höher liegt. Ohne nun noch lange überlegen zu müssen, würden Sie auf die Frage „Welche Kaufoption ist teurer" auf die linke Option mit dem niedrigeren Basispreis 1 setzen. Und Ihre Antwort würden Sie möglicherweise damit begründen, dass der Gewinnbereich der rechten Option kleiner als der der linken Option ist. Damit haben Sie intuitiv richtig geantwortet, ohne auch nur einmal über ein Bewertungsmodell nachgedacht zu haben.

Für Verkaufsoptionen spiegeln Sie die Grafiken horizontal. Daher gilt hier umgekehrt, dass der Wert der Option mit steigendem Basispreis zunimmt.

Wenn jetzt statt einer qualitativen eine quantitative Aussage gemacht werden soll, kann dies selbstverständlich nicht mittels der Grafiken erfolgen. An dieser Stelle kommen nun die Optionspreisformeln zum Einsatz. Aber auch hier müssen Sie wissen: Ein subjektiver Preis zieht auch eine subjektive Kennzahl nach sich, die aber ausreichend exakt ist. Diese müssen Sie auch nicht selbst berechnen, sondern Sie können sie einfach auf Finanzseiten nachsehen. Das „Wie" zeige ich Ihnen später.

Um nun die Auswirkungen von Bewegungen der diversen Einflussfaktoren auf den Produktpreis zu ermitteln, können über das optionspreistheoretische Black-Scholes-Modell für europäische Optionen Kennziffern berechnet werden. Diese bezeichnet man als Sensitivitätskennzahlen oder auch dynamische Kennzahlen beziehungsweise „Griechen" (Greeks), da die Namen dem griechischen Alphabet entliehen sind. Bei der Berechnung der Kennziffern wird stets unterstellt, dass sich die anderen Faktoren nicht verändern.

Im Internet stehen Ihnen eine ganze Reihe von entsprechenden Vorlagen zur Verfügung. Eine gute Anwendung findet sich unter folgendem Link: exinfm.com. Zur besseren Darstellung wurden einige Änderungen ausgeführt, die jeder mit etwas Excel-Kenntnissen leicht selbst vornehmen kann. Es wurden zusätzliche Zeilen eingefügt. Der aktuelle Preis wurde als sogenannte Ganzzahl dargestellt. Die entsprechende Excelfunktion lautet GANZZAHL (). Zudem wurde eine Schrittweite definiert, um diese Tabelle sowohl für Aktien als auch für Indizes einsetzen zu können. Die nachfolgende Grafik zeigt die verwendete Berechnungstabelle:

58,58	Ul-Preis
18-Oct-23	Today's Date
36,70 %	Hist. Volatilität
15-Dec-23	Bewertungstag
0,03 %	risikoloser Zinssatz
4,26 %	Dividendenrendite
58	*DTE*
0,16	*DTE in Years*
2,00	*Schrittweite*

Vorschlag Schrittweite 2,25308

<-- Light grey cells are for user input

<-- Dark grey cells are the calculated outputs

This worksheet allows you to price multiple strikes for calls and puts for the same Expiry with the same Underlying Price. Remember, you can customise your own workbook any way you like by using the formulas provided.

Call Options										
Strike Prices		Theoretical Price	Market Price	Implied Volatility	Option Greeks				
					Delta	Gamma	Vega	Theta	Rho
50,00	ITM	**10,74**	7,70	17,96 %	0,71	0,0179	0,1796	-0,0114	0,2328
52,00	ITM	**9,61**	7,70	26,19 %	0,66	0,0190	0,1903	-0,0121	0,2226
54,00	ITM	**8,58**	7,70	32,10 %	0,62	0,0198	0,1986	-0,0126	0,2115
56,00	ITM	**7,64**	7,70	37,00 %	0,58	0,0204	0,2042	-0,0129	0,1996
58,00	**ATM**	**6,79**	7,70	41,26 %	0,54	0,0207	0,2074	-0,0131	0,1874
60,00	OTM	**6,01**	7,70	45,08 %	0,50	0,0208	0,2083	-0,0132	0,1750
62,00	OTM	**5,32**	7,70	48,56 %	0,46	0,0207	0,2070	-0,0131	0,1625
64,00	OTM	**4,69**	7,70	51,75 %	0,42	0,0204	0,2038	-0,0129	0,1503
66,00	OTM	**4,13**	7,70	54,73 %	0,38	0,0199	0,1989	-0,0126	0,1384
68,00	OTM	**3,63**	7,70	57,51 %	0,35	0,0193	0,1927	-0,0122	0,1270
70,00	OTM	**3,19**	7,70	60,13 %	0,31	0,0185	0,1853	-0,0117	0,1161

Put Options									
Strike Prices		Theoretical Price	Market Price	Implied Volatility	Option Greeks				
					Delta	Gamma	Vega	Theta	Rho
50,00	OTM	**4,10**		0,37 %	-0,29	0,0179	0,1796	-0,0113	-0,1644
52,00	OTM	**4,97**		0,26 %	-0,34	0,0190	0,1903	-0,0120	-0,1904
54,00	OTM	**5,94**		0,14 %	-0,38	0,0198	0,1986	-0,0125	-0,2175
56,00	OTM	**7,00**		0,03 %	-0,42	0,0204	0,2042	-0,0129	-0,2452
58,00	OTM	**8,14**		0,00 %	-0,46	0,0207	0,2074	-0,0131	-0,2733
60,00	ITM	**9,37**		0,00 %	-0,50	0,0208	0,2083	-0,0132	-0,3017
62,00	ITM	**10,67**		0,00 %	-0,54	0,0207	0,2070	-0,0131	-0,3300
64,00	ITM	**12,05**		0,00 %	-0,58	0,0204	0,2038	-0,0129	-0,3580
66,00	ITM	**13,49**		0,00 %	-0,62	0,0199	0,1989	-0,0126	-0,3858
68,00	ITM	**14,99**		0,00 %	-0,65	0,0193	0,1927	-0,0122	-0,4132
70,00	ITM	**16,55**		0,00 %	-0,69	0,0185	0,1853	-0,0117	-0,4400

Grafik 5: Ergänzung im Excel-Sheet zur Kennzahlenberechnung von Optionsscheinen

Durch den Einsatz der Ganzzahl-Funktion werden beim Underlying-Preis (Ul-Preis) die Nachkommastellen abgeschnitten. Aus 58,58 Euro werden so 58,00 Euro. Von diesem Preis ausgehend werden die Basispreise im Abstand von zwei Euro nach oben beziehungsweise unten berechnet. Durch diese Modifikationen werden anschließend die Kennzahlen für „gerade" Basispreise berechnet. Bei Indizes empfiehlt es sich, die Ganzzahl-Funktion etwas zu ändern: Ausgehend von einem DAX-Stand von rund 15.321,48 Punkten macht es am meisten Sinn, wenn Sie mit einem Basispreis von 15.000 Zählern beginnen. Hierfür schreiben Sie die Formel ein wenig um:

Basispreis 0 = GANZZAHL (DAX-Stand/1.000) * 1.000 = GANZZAHL (15.321,48/1.000) * 1.000 = 15 * 1.000 = 15.000

Die Schrittweite können Sie je nach Ihrem Geschmack mit 200 oder besser 250 Punkten ansetzen.

Für die Illustrationen wurde ein Optionsschein auf Bayer mit einer Laufzeit bis Dezember 2023 und einem Strike von 58 Euro ausgewählt.

Die Reaktion des Optionspreises auf Änderungen des Underlying-Kurses bezeichnet man als Delta[1] einer Option. Es gibt an, um wie viel sich der Optionspreis ändert, wenn der Kurs des Basiswerts um eine Einheit steigt oder fällt, aber alle anderen Determinanten gleich bleiben. Das Delta bewegt sich bei Calls zwischen 0 und 100 Prozent, bei Puts zwischen -100 Prozent und 0. Das Minuszeichen bei den Puts soll verdeutlichen, dass der Zusammenhang zwischen den beiden Kursen gegenläufig ist.

In der nächsten Grafik wird das Delta in Abhängigkeit vom Kurs des Underlyings dargestellt. Von links nach rechts steigt der Basispreis, was im Umkehrschluss einem von rechts nach links steigenden Underlying-Kurs entspricht. Dies gilt im Übrigen für alle folgenden Grafiken (man muss quasi die x-Achse vertikal spiegeln).

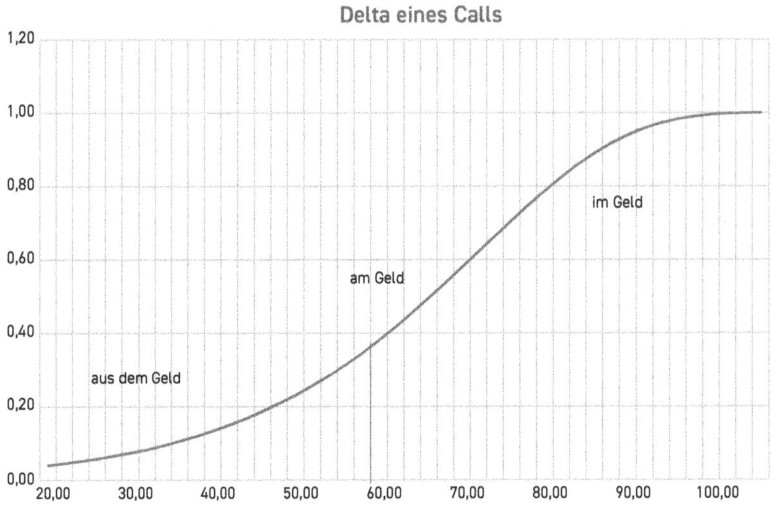

Grafik 6: Delta eines Calls in Abhängigkeit vom Underlying-Preis

Der Graph eines Puts verläuft spiegelbildlich zur y-Achse.

Der Kurvenverlauf ist hier leicht S-förmig und hängt insbesondere von der impliziten Volatilität und der Restlaufzeit ab. Je niedriger die implizite Volatilität und/oder je kürzer die Restlaufzeit ist, desto steiler verläuft das Delta.[2] Kurzlaufende Optionen auf Basiswerte mit einer geringen Volatilität (zum Beispiel Währungen) verlaufen sogar fast rechteckig.

4.2 Volatilität

Am Aktienmarkt bewegen sich nicht alle Aktien gleich stark nach oben und unten. Manche bewegen sich nur träge mit leichten Kursausschlägen in beide Richtungen (geringe Volatilität). Das wären Aktien der „Langweiler AG“. Auf der anderen Seite existieren Wertpapiere, die an einem Tag durchaus auch einmal fünf Prozent oder mehr gewinnen oder verlieren, bei denen also stärkere Kursausschläge (hohe Volatilität) in beide Richtungen nicht unüblich sind (Moderne Zeiten AG). Diese werden in Grafik 7 durch das hellgraue Dreieck dargestellt. Sie sehen, dass die Chancen, aber auch die Risiken größer sind als bei der Langweiler-Aktie. Die Stärke der Kursänderung, also die Höhe der Preisschwankungen, wird auch als Volatilität bezeichnet. Es gibt zwei Arten der Volatilität: die historische Volatilität, die sich aus den Preisschwankungen in der Vergangenheit errechnen lässt, und die implizite Volatilität, die aus dem Optionspreis berechnet wird. Die beiden Werte müssen nicht miteinander übereinstimmen. Die historische Volatilität dient häufig nur als Schätzgröße für die implizite Volatilität. Auch die implizite Volatilität besteht nicht nur aus einem Wert. Zum einen existiert eine sogenannte Schiefe oder Skew, bei der für Kauf- und Verkaufsoptionen unterschiedliche implizite Volatilitäten berechnet werden können. Zum anderen gibt es das Volatilitäts-Smile, das bei einem Vergleich von unterschiedlichen Basispreisen zu beobachten ist

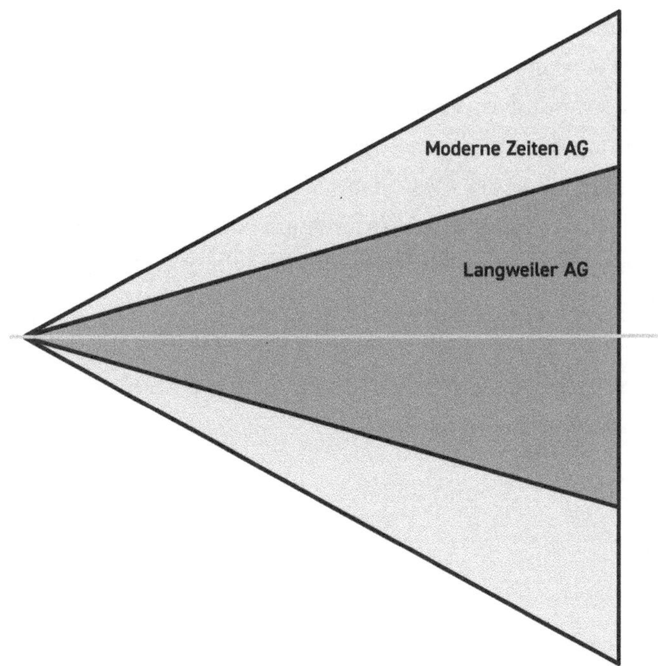

Grafik 7: Eine höhere Schwankungsbreite erhöht die Gewinnfläche – die Kaufoption ist mehr wert.

und bei Optionen, deren Ausübungskurs um den aktuellen Referenzpreis des Basiswerts liegt, am geringsten ist.

Betrachten Sie nun wieder die Mittellinie als Basispreis und beantworten Sie dann die Frage: „Welche Option ist mehr wert?“ Die Antwort fällt Ihnen ebenso leicht wie bei der Frage nach der Bedeutung des Strikes: Orientieren Sie sich wieder an dem Bereich oberhalb der Mittellinie. Dieser ist beim hellgrauen Dreieck deutlich größer als beim dunkelgrauen Dreieck. Also ist die „hellgraue Option“ teurer als die „dunkelgraue Option“. Hier gilt gleichfalls, dass Sie die richtige Antwort gefunden haben, ohne irgendwelche mathematischen Bewertungsformeln genutzt zu haben. Das Ergebnis: Je höher die implizite Volatilität ist, desto größer ist auch die Preisfläche.

Für quantitative Aussagen schaut man sich wieder einen „Griechen“ an. Wie sensibel eine Option auf Änderungen der impliziten Volatilität reagiert, wird mit dem Vega ausgedrückt. Diese Kennzahl entspricht der Ableitung des Optionspreises nach der Volatilität. Ein Vega von 0,20 bedeutet, dass der Optionspreis um 0,20 Einheiten steigt oder fällt, wenn sich die implizite Volatilität um eine Einheit verändert. Das Vega ist bei einem europäischen Call und Put gleich und ähnelt im Verlauf ungefähr der Flugbahn eines Balls.

Je kürzer die Restlaufzeit ist, umso geringer ist die Auswirkung der Veränderung der impliziten Volatilität auf den Optionspreis, und die Kurve wird zunehmend flacher.

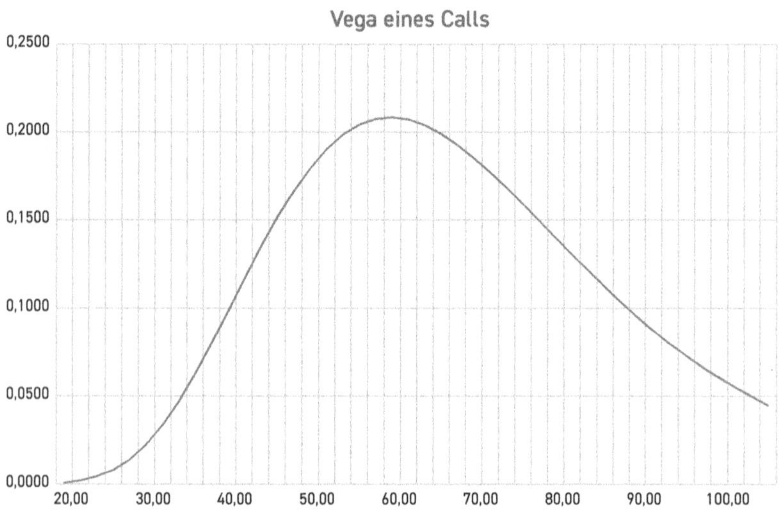

Grafik 8: Vega einer Option in Abhängigkeit vom Underlying-Preis

4.3 Optionslaufzeit

Mit dem Basispreis und der impliziten Volatilität haben Sie bereits zwei maßgebliche Einflussfaktoren kennengelernt. Kommen wir nun zu einem weiteren wesentlichen Merkmal: der Laufzeit. Stellen Sie sich einfach vor, die Grafik würde nach rechts verlängert. Ergo vergrößert sich die Fläche nach oben und unten. Da Optionen Rechte sind, steigt der Wert. Diese Aussage muss jedoch eingeschränkt werden: Wenn es während der Laufzeit zu Ausschüttungen kommt, verschiebt sich auch der Flächeninhalt (siehe nächster Abschnitt).

Die entsprechende Sensitivitätskennzahl ist das Theta und steht für die Ableitung der Black-Scholes-Formel nach der Zeit. Das Theta einer europäischen Call-Option ist immer negativ, da sich der Wert einer Option an den Auszahlungsbetrag zum Fälligkeitsdatum annähert. Man sagt hierzu auch, dass die Option an Zeitwert verliert.

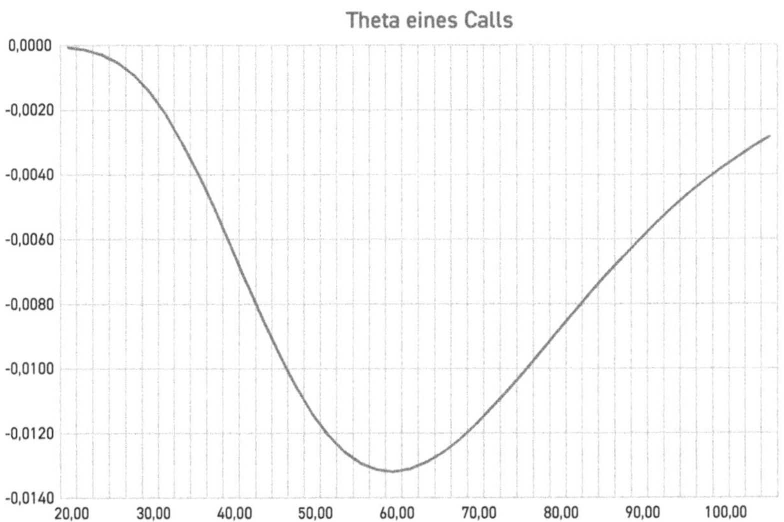

Grafik 9: Theta einer Option in Abhängigkeit vom Underlying-Preis

Die Interpretation des Theta wird erleichtert, wenn Sie den Payoff einer Option betrachten. In Grafik 10 ist dargestellt, wie sich der innere Wert und der Optionspreis verändern. Der innere Wert ist nichts anderes als die Differenz zwischen dem Abrechnungskurs und dem Basispreis. Je kürzer die Laufzeit der Option ist, desto stärker nähert sich nun der Optionspreis dem Auszahlungsbetrag am Laufzeitende an. Da der Zeitwert eines europäischen Calls am Basispreis am höchsten ist, ist auf diesem Niveau auch das Theta am höchsten. Auf dieses Payoff-Diagramm komme ich später noch einmal genauer zurück.

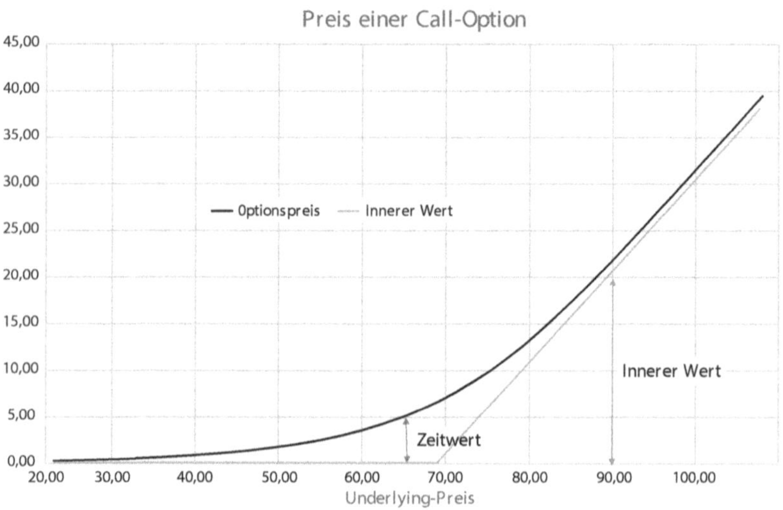

Grafik 10: Auszahlungsprofil eines Calls – grau innerer Wert, schwarz Optionspreis – während der Laufzeit

Sie erkennen in Grafik 11 sehr schön, dass sich der Zeitwertverfall zum Laufzeitende hin beschleunigt. Daher sollten Optionskäufer immer auf eine ausreichende Restlaufzeit achten. Verkäufer der Option profitieren dagegen vom rasanten Preisverfall, je näher das Laufzeitende ist. Zum Verkäufer einer Option werden Sie beispielsweise durch den Kauf eines Discount-Zertifikats. Dazu im entsprechenden Kapitel mehr.

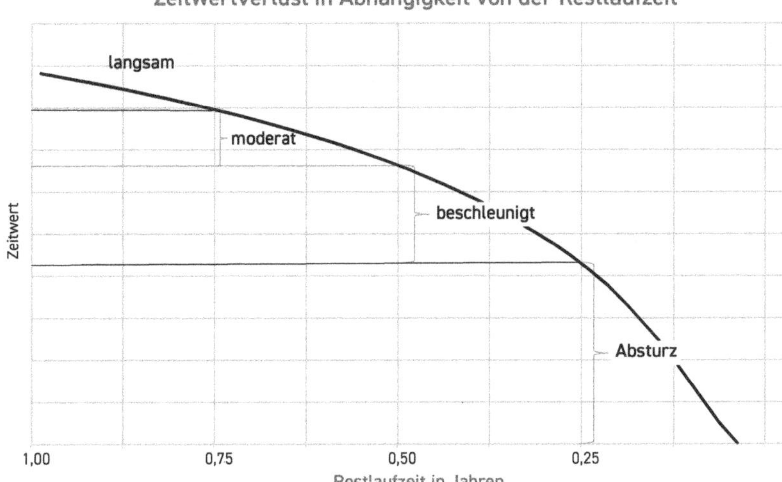

Grafik 11: Zeitwertverlust in Abhängigkeit von der Restlaufzeit

4.4 Ausschüttungen (Dividenden)

Einmal jährlich freuen sich deutsche Aktionäre auf eine Dividende. In vielen anderen Ländern gibt es pro Jahr auch mehrere Ausschüttungen (Interims- und Schlussdividende oder Quartalsdividenden). Dabei ist die durch eine Dividende hervorgerufene Kursänderung für ein Aktiendepot meistens nur ein Nullsummenspiel: In der Regel fällt der Aktienkurs etwa um den Betrag, den Aktionäre – lässt man Steuern außen vor – auf ihrem Konto gutgeschrieben bekommen.

In einem Chart erkennen Sie den Dividendenabschlag sehr einfach daran, dass die Aktie (deutlich) unter dem Vortagesniveau eröffnet („Gap“). Als Chart bezeichnet man die bildliche Darstellung des Kursverlaufes des Basiswerts. Hierbei wird unter anderem unterschieden zwischen Liniencharts (Verbindungslinie der Schlusskurse) und Balkencharts, bei denen neben dem Schlusskurs auch der Eröffnungspreis sowie das Hoch und das Tief eingezeichnet werden. Natürlich gibt es auch weitere Ursachen für einen solchen Abschlag, insbesondere schlechte Unternehmensnachrichten oder gar ein Crash am Markt. In den meisten Fällen ist aber die Dividende der Grund für die Kurslücke.

Zweifellos wirkt sich ein Dividendenabschlag auch auf den Preis einer Option aus. Die Dividendenausschüttung drückt die künftigen Kursverläufe nach unten. Die Preisfläche eines Calls fällt also am Ausschüttungstag um den Dividendenbetrag nach unten (siehe Grafik 12 – dunkle Fläche), bei einer Verkaufsoption steigt hingegen der Wert (hellgraue Fläche). Bei einem Zertifikat, das mindestens aus einer Option besteht, wird der Dividendenabschlag ebenfalls berücksichtigt. Ausschüttungen werden bereits bei der Emission eingepreist, haben daher also bereits von Beginn an einen Einfluss auf den Produktpreis. Bei der Emission eines Zertifikats wird anfänglich aber nur eine Schätzung der Dividende berücksichtigt. Diese ist immer mit einer gewissen Unsicherheit behaftet. Endgültige Sicherheit über die Dividendenhöhe besteht erst mit der Bekanntgabe der Dividenden, zum Beispiel mit der Einladung zur Hauptversammlung

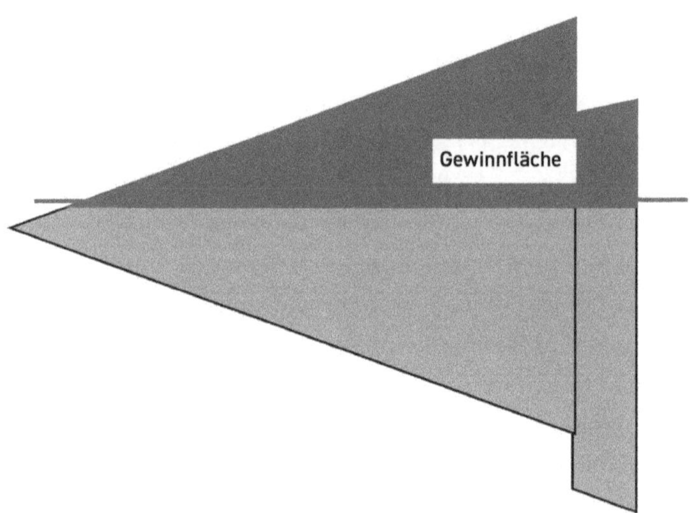

Grafik 12: Der „Grabenbruch" durch die Dividende führt zu einer Verringerung der Gewinnfläche.

Wird die Dividende aufgrund von schlechten Unternehmenszahlen gekürzt oder sogar gestrichen, ist selbst eine qualitative Aussage unmöglich. In Abhängigkeit davon, wie ein Großteil der Anleger die Entscheidung bewertet, fällt auch die Reaktion des Marktes aus. Der Kurs des Basiswerts kann aufgrund der Meldung fallen, der Wert einer Kaufoption somit steigen. Der Preis einer Verkaufsoption würde dann analog fallen. Denkbar ist aber auch, dass der Aktienpreis nach der Streichung steigt, weil der einbehaltene Gewinn für Investitionen verwendet wird. Die Marktteilnehmer könnten dann mit Anteilkäufen für steigende Kurse sorgen, wenn sich die Unternehmensaussichten verbessern.

Bei einer Anhebung der Ausschüttung ist gleichfalls eine qualitative Bewertung schwierig: Einerseits verringert sich die Fläche eines Calls, weil der Preisbereich nun stärker nach unten rutscht und im Gegenzug bei einem Put zunimmt. Da die Aktienpreise dann vermutlich tendenziell zulegen, kann die Reaktion des Optionskurses auf die Dividendenerhöhung auch durchaus wieder umgekehrt werden.

Wie wirken sich solche Ereignisse nun auf den Zertifikatepreis aus? Dabei hilft wieder das oben erläuterte Modell. Beginnen wir mit dem Dividendenausfall: Statt eines „Grabenbruchs“ entwickelt sich die Aktie weiter, und die Preisfläche entspricht den bekannten Darstellungen.

Nur am Rande sei erwähnt, dass die Dividendenzahlungen auch bei den allermeisten Aktienindizes zu Kursabschlägen führen, da diese zumeist als Preisindizes berechnet werden. An der Börse unterscheidet man zwischen einem Preisindex beziehungsweise Kursindex (Price Return Index) und einem Performance-Index (Total Return Index oder Cross Return Index). Bei einem Preisindex (zum Beispiel Euro Stoxx 50) fließen nur die Aktienpreise in die Berechnung ein, bei einem Performance-Index (DAX 40) werden die Dividenden hingegen in den Index reinvestiert. Ein Performance-Index notiert daher auch immer über dem Kursniveau seines Preisindex. Der DAX 40 wird beispielsweise von der Frankfurter Börse sowohl als Performance- wie auch als Preisindex ermittelt. Bekannter ist die Performance-Variante. Da die Indizes aber aus einer ganzen Reihe von Werten bestehen, ist ein einzelner Abschlag selten im Index wahrnehmbar. Nur in bestimmten Monaten (in Europa zumeist in der Dividenden-Hochsaison im April oder Mai) beeinflussen die Zahlungen an die Aktionäre den Indexpreis stärker.

4.5 Zinsen

Um den Einfluss der Zinsen auf den Optionspreis besser verstehen zu können, müssen Sie sich in die Lage eines Aktionärs versetzen. Weil Sie Fan von Warren Buffett sind und unbedingt zur Hauptversammlung[3] in die USA reisen wollen, sind Sie bereit, tief in die Tasche zu greifen. Die Berkshire-Hathaway-A-Anteile kosten, während ich dies schreibe, rund 498.000 Euro.

Einen solchen Betrag hat natürlich nicht jeder Anleger auf seinem Konto, also benötigt er einen Kredit. Dafür sind Kreditzinsen fällig. Je höher diese sind, umso mehr kostet der Anteilserwerb. Alternativ können Sie sich auch einen Optionsschein kaufen. Den Kredit stellt Ihnen dann der Emittent und nicht Ihre Bank zur Verfügung. Und so erahnen Sie bereits den Zusammenhang zwischen Zinsen und Optionspreis: Steigende Zinsen führen bei einem Call zu höheren Preisen.

Bei einer Verkaufsoption sieht es genau umgekehrt aus: Weil Sie Coca-Cola, Occidental Petroleum und Co nicht mögen, glauben Sie an fallende Notierungen.[4] Als Fonds oder Bank könnten Sie sich die Aktien leihen und dann verkaufen. Eine solche Finanztransaktion bezeichnet man als Leerverkauf. Für die Leihe zahlen Sie eine Gebühr an den Verleiher. Die Gebühr ist bei jeder Aktie unterschiedlich hoch. Auf der Gegenseite erzielen Sie nun einen Zinsgewinn. Dieser steigt natürlich mit dem Guthabenzinssatz.

Als Privatanleger ahmen Sie den Leerverkauf der Profis durch den Erwerb eines Puts nach. Der Emittent legt in diesem Fall das Geld für

Sie an. Bei gleichbleibenden Zinsen steigt der Ertrag. Dies wiederum führt zu einem niedrigen Preis eines Verkaufsoptionsscheins.

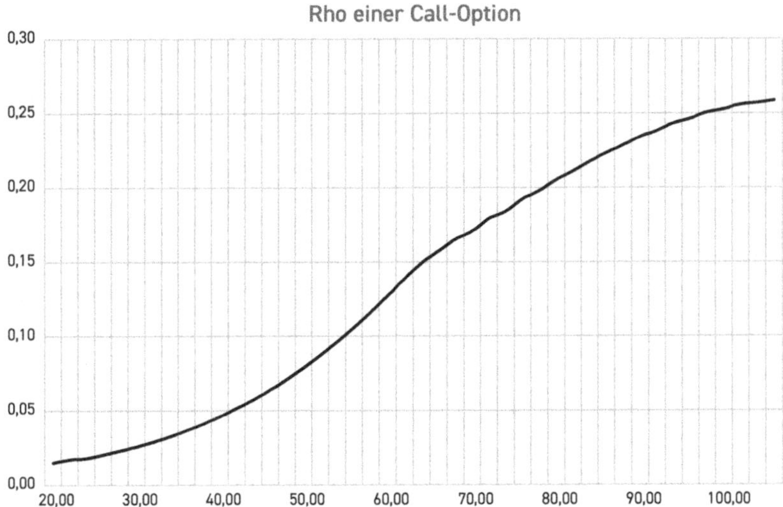

Grafik 13: Rho einer Option in Abhängigkeit vom Underlying-Preis

Wie sich betragsmäßig der Preis einer Option mit dem Zinssatz verändert, wird mit der Kennziffer Rho gemessen. Diese Kennzahl spielt bei der Optionsbewertung in der Regel eine untergeordnete Rolle, da sich die Zinsen in den meisten Fällen nur wenig verändern und sich diese geringe Veränderung zudem kaum auf den Preis auswirkt.

4.6 Optionstypen

Bei Optionen unterscheidet man zwischen zwei Typen: „europäisches" und „amerikanisches" Optionsrecht[5] (auch European Style und American Style genannt). Bei einer europäischen Option kann das Recht nur am Laufzeitende (Options-Bewertungstag) ausgeübt werden, während bei einer amerikanischen Option während der gesamten Laufzeit eine Ausübung erfolgen kann. Gegebenenfalls kann eine Ausübung um den Termin der Dividendenzahlungen herum ausgeschlossen sein.

Der Typ hat durchaus Einfluss auf den Wert der Option. Dass amerikanische Optionen jederzeit ausgeübt werden können, ist eine Art „Zusatzrecht" für diesen Optionstyp: Da Sie vor einer Dividendenzahlung das Recht noch inklusive der Dividende im Aktienkurs ausüben können, liegt bei einem Call die Preisuntergrenze beim inneren Wert, also der Differenz zwischen Aktienkurs und Strike. Aus diesem Grund ist eine amerikanische Option auch immer teurer als das europäische Pendant. Als Käufer einer europäischen Option müssen Sie den Dividendenabschlag hingegen „schutzlos" in Kauf nehmen. Aber bitte nicht vergessen: Bereits bei der Emission wird dieser Dividendenabschlag im Preis berücksichtigt, sodass Sie von vornherein weniger zahlen. Den Preisunterschied zwischen den beiden Optionstypen können Sie näherungsweise an zwei europäischen Optionen erkennen, wenn der eine Optionsschein noch vor dem Dividendenabschlag, der andere kurz danach fällig wird. Der kleine Laufzeitunterschied spielt hierbei kaum eine Rolle, aber die kürzer laufende Option ist teurer, weil keine Dividende berücksichtigt werden muss.

Zertifikate bestehen aus mindestens einem europäischen Ausübungsrecht, das heißt, dass das Optionsrecht nur am Laufzeitende ausgeübt werden kann und dass sich daher der Preis aus dieser Option für das Zertifikat ableiten lässt.

4.7 Moneyness und Auszahlungsprofil

Die Moneyness (deutsch: Geldnähe) drückt das Verhältnis des aktuellen Kurses des Basiswerts zum Bezugspreis (Ausübungspreis, Basispreis oder Strike) aus und bestimmt somit quantitativ die Werthaltigkeit einer Option. Dabei bezeichnet man Optionen, die einen inneren Wert besitzen, als „im Geld" („in the money"). Optionen „aus dem Geld" („out of money") bestehen nur aus einem Zeitwert. „Am Geld" („at the money") ist eine Option, wenn der Basiswertpreis in der Nähe des Strikes liegt. Der innere Wert einer Kaufoption ist die Differenz zwischen dem Preis des Basiswerts und dem Strike. Bei einer Verkaufsoption ist es die Differenz zwischen Basispreis und Kurs des Underlyings (Basiswerts). Ein reiner Zeitwert („Hoffnungspreis") existiert, wenn der Ausübungspreis bei einer Kaufoption über, bei einer Verkaufsoption unter dem momentanen Underlying-Kurs liegt.

Ein Beispiel: Ein Käufer besitzt einen Kaufoptionsschein mit einem Basispreis von 100 Euro; die zugrunde liegende Aktie notiert bei 120 Euro, der Call kostet 30 Euro. Es ergibt sich somit ein innerer Wert von 20 Euro (120 – 100) und ein Zeitwert von zehn Euro (30 – 20). Bei einem Put, der bei einem Anteilpreis von 90 Euro und einem Strike von 100 Euro zu 15 Euro vom Emittenten verkauft wird, liegt der innere Wert bei 10 Euro (100 – 90) und der Zeitwert bei fünf Euro (15 – 10).

Diese Kennziffern sind unabhängig vom Optionstyp. Da aber eine amerikanische Option jederzeit ausgeübt werden kann, wird sie nie unter ihrem inneren Wert notieren. Ansonsten könnte man durch eine gegenläufige Finanztransaktion das Preisungleichgewicht ausnutzen (Arbitrage). Vergleichbar wäre eine Arbitrage an der Börse, wenn Sie mit dem Kauf und gleichzeitigen Verkauf eines Produkts einen Gewinn erzielen würden. Eine Arbitrage führt an der Börse umgehend zu einem Angleichen der Preise von unterschiedlichen Finanztransaktionen mit gleichem Auszahlungsprofil. Frei nach dem Motto: There is no free lunch.

Das Auszahlungsprofil einer Option, auch bekannt als Gewinn- und Verlustdiagramm, veranschaulicht daher auf simple Art und Weise das theoretisch mögliche Gewinn- und Verlustpotenzial einer Option. Die Darstellung kann in unterschiedlicher Form erfolgen: entweder eine reine Betrachtung des inneren Wertes oder mit Berücksichtigung des Anschaffungspreises. Im ersten Fall läuft das Profil entlang der Nulllinie auf der x-Achse, im zweiten Fall um den Anschaffungspreis nach unten verschoben. Die Darstellung kann absolut oder prozentual erfolgen.

Stellt man nun den Preis einer Option in Abhängigkeit vom Underlying-Kurs dar, ergibt sich die folgende bekannte Grafik:

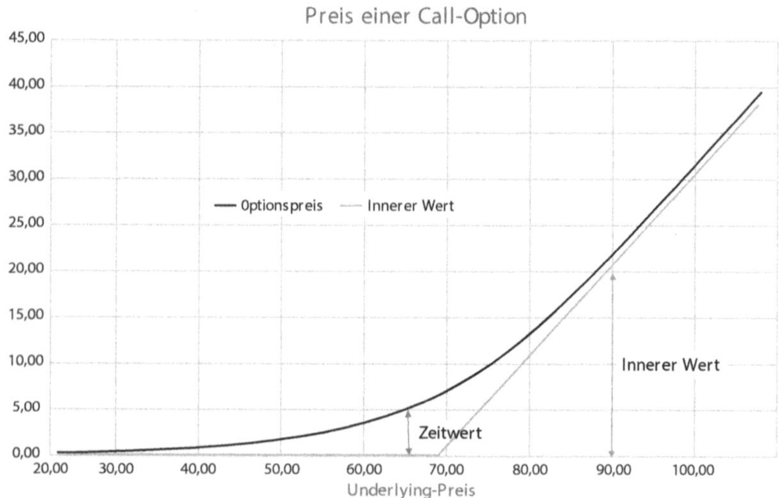

Grafik 14: Innerer Wert und Zeitwert eines Calls

Daneben müssen noch zwei weitere Gesichtspunkte unterschieden werden: Bei einer Long-Position hat der Anleger eine Option gekauft. Der Verkäufer (Emittent) ist hingegen short. Beide Positionen, Long wie Short, können sowohl bei Calls als auch bei Puts existieren. Dies führt durchaus zu Verwirrungen, da Anleger long sind (bullish), wenn sie anziehende Kurse erwarten, und short (bearish), wenn sie von fallenden Notierungen ausgehen.

Nachfolgende Darstellungen zeigen für die vier Möglichkeiten das jeweilige Auszahlungsdiagramm, das sich auf den tatsächlich aus der Option realisierten Ertrag bezieht.

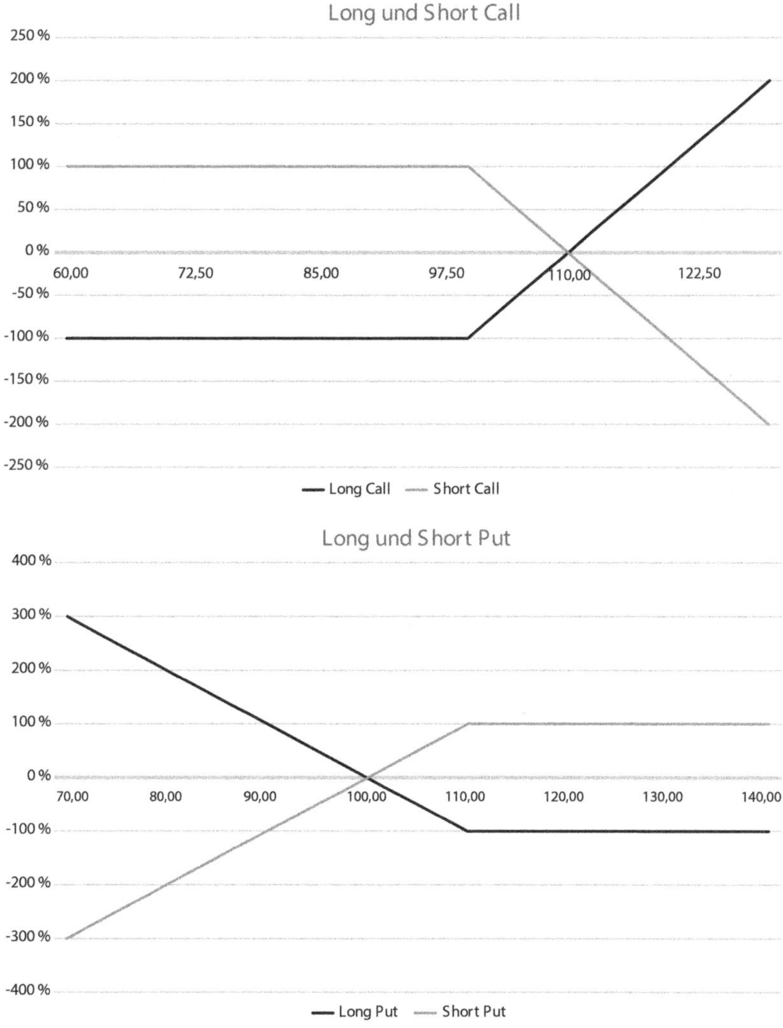

Grafik 15: Long- und Short-Position in einem Call beziehungsweise Put

In den Darstellungen liegt der Basispreis jeweils bei 100 (Euro). Bei einem Long Call (schwarze Linie) steigt der Rückzahlungsbetrag um je eine Einheit pro Einheit Kursgewinn des Basiswerts und kann theoretisch bis unendlich gehen. Unterhalb des Basispreises kann maximal der Kaufpreis der Option verloren gehen. Der Verkäufer des Calls (Short Call – graue Linie) verliert oberhalb des Strikes jeweils eine Einheit und könnte theoretisch einen unendlichen Verlust einfahren. Unterhalb des Ausübungskurses ist sein Ertrag auf die vereinnahmte Optionsprämie begrenzt.

Bei einem Put startet der Gewinn für den Käufer unterhalb des Basispreises. Auch hier ist der maximale Verlust auf den Kaufpreis des Long Puts begrenzt. Für den Verkäufer gilt analog, dass der Verlust unterhalb des Basispreises steigt, während mit der Vereinnahmung der Optionsprämie der potenzielle Gewinn auf den Verkaufskurs beschränkt ist.

4.8 Zusammenfassung

Die Auswirkungen diverser Einflussfaktoren auf den Preis einer Option lassen sich einfach analysieren, indem Sie sich den Wert der Option mittels der dargestellten Grafiken veranschaulichen. Entscheidend ist die Überlegung, welchen Bereich Sie bei den unterschiedlichen Optionen genau zu betrachten haben, also welche Fläche sich demnach wertsteigernd oder gegebenenfalls wertmindernd auswirkt. Bei einer

Einflussfaktor	Veränderung des Einflussfaktors	Auswirkung auf den Preis eines Calls	Auswirkung auf den Preis eines Puts
Basispreis	↑	↓	↑
Volatilität	↑	↑	↑
Laufzeit	↑	↑	↑
Dividendenhöhe	↑	↓	↑
Zinsen	↑	↑	↓

Tabelle 3: Einflussfaktoren und deren qualitative Auswirkung auf den Optionspreis

Standard-Kaufoption ist es die Fläche über dem Basispreis und umgekehrt bei einer Verkaufsoption der Bereich unter dem Ausübungskurs. Je größer die Gewinnfläche ist, umso wertvoller ist folglich die Option.

4.9 Umsetzung des grafischen Ansatzes am Beispiel eines Spezial-Optionsscheins

Wie leicht sich dieser praktische Ansatz der Gewinnfläche auf andere Optionen umsetzen lässt, soll anhand von zwei Spezial-Optionen verdeutlicht werden. Lassen Sie sich von den seltsam klingenden Namen nicht verunsichern!

4.9.1 RangeKO

Fangen wir mit der sogenannten Korridor-Option (auch Range Warrant oder Bandbreitenoption genannt) an. Diese gibt es in verschiedenen Ausführungen. Zur Illustration dient die etwas einfachere Variante des RangeKO-Warrants.

Bei einem RangeKO erhält der Anleger am Laufzeitende einen festen Geldbetrag, wenn der Basiswert während der gesamten Laufzeit seine Range (seinen Korridor) nicht verlassen hat. Die entsprechende Grafik finden Sie auf der folgenden Seite.

Sie als der Käufer des RangeKO erhalten nur dann eine Auszahlung, wenn der Korridor nie verlassen wurde. Damit steht fest, dass sich nur der Bereich innerhalb des Korridors wertsteigernd auswirkt. Da bei einem Verlassen des Korridors ein Totalverlust droht, verringert sich der Optionswert um die Teilbereiche unter- und oberhalb der Range.

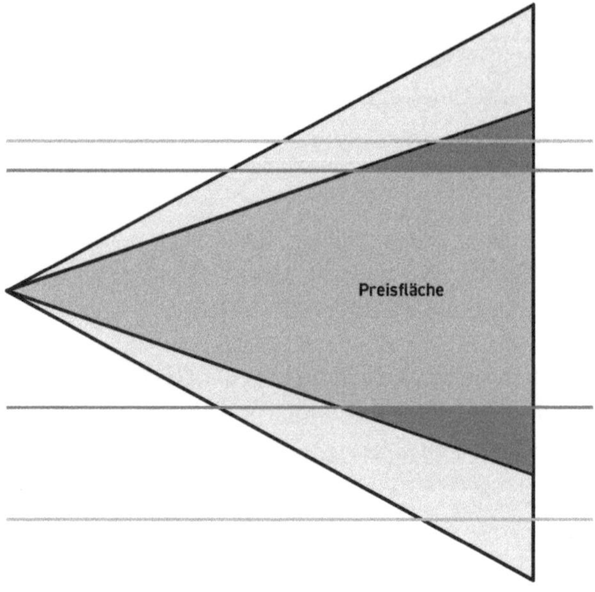

Grafik 16: Gewinnfläche eines RangeKOs

Aus der Grafik lassen sich noch zwei weitere, wenig überraschende Sachverhalte ableiten:

1. Je breiter der Korridor ist, umso wertvoller ist die Option. Betrachten Sie nur das mittelgraue Dreieck und die Range-Grenzen, die einmal durch die dunkelgraue und einmal durch die hellgraue Linie markiert werden. Bei der „dunkelgrauen" Option sind Teile des Areals (dunkelgraue Dreiecke) außerhalb und reduzieren folglich den Preis der Option. Bei dem „hellgrauen" Korridor liegt der gesamte Kursverlauf des Basiswerts – inklusive der kleinen dunkelgrauen Dreiecke – innerhalb der Grenzen, sodass es keine Wertminderung gibt.
2. Je schwankungsfreudiger der Basiswert ist (gekennzeichnet durch die hellgraue Fläche), desto weniger wert ist der RangeKO. Bei dem „hellgrauen" Basiswert liegt weitaus mehr Areal außerhalb der Grenzen des „dunkelgrauen" Korridors, was den geringen Preis der Option erklärt.

Mittels der Grafiken lassen sich zudem weitere Aussagen bezüglich der Preistendenz machen.

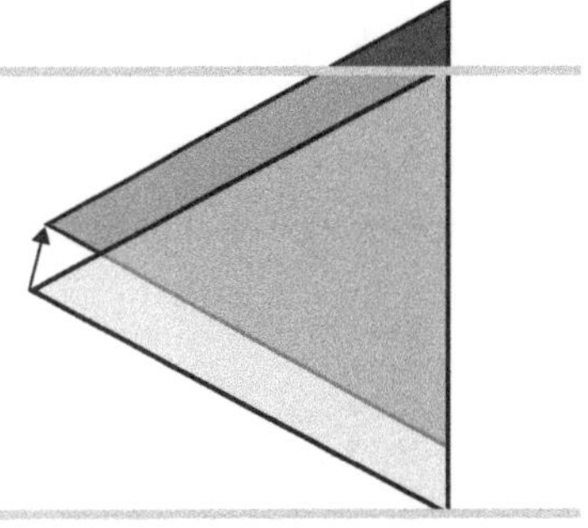
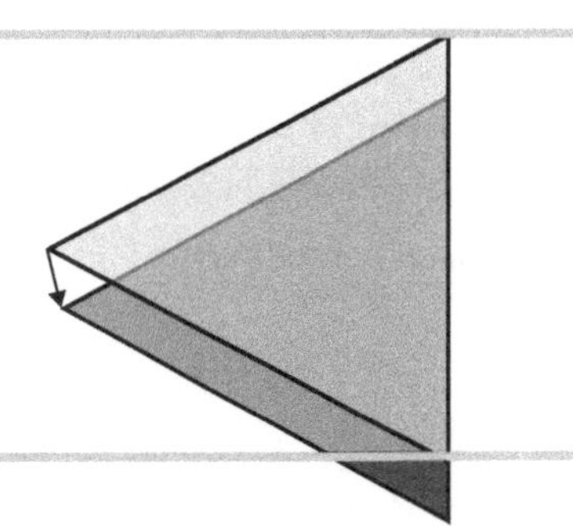

Grafik 17: Das Chamäleon der Optionen

Einflussfaktor	Veränderung des Einflussfaktors	Auswirkung auf den Preis eines RangeKOs
Korridorbreite	↑	↑
Volatilität	↑	↓
Laufzeit	↑	↓
Dividendenhöhe	↑	↑↓
Zinsen	↑	↑↓

Tabelle 4: Auswirkungen der Veränderungen der Einflussfaktoren auf den Preis

Range-Optionen haben darüber hinaus noch eine andere – etwas unschöne – Charakteristik, die sie zu einem „Chamäleon der Optionen" (siehe Tabelle 5) macht: Steigt der Basiswert aus der Range-Mitte nach oben, schiebt sich ein Teil des Bereichs langsam aus dem Korridor und der Preis der Option sinkt. Dieses Verhalten kennen wir von einem Put: Ein steigender Basiswert bewirkt einen fallenden Kurs der Put-Option.

Schauen Sie sich nun die zweite Grafik an. Hier fällt der Basiswert, und da sich erneut Teile der Fläche nach „außen" verschieben, sinkt – wie bei einem Call – der Preis. Bei einer Bewegung aus der Korridormitte verhält sich der RangeKO also wie eine Verkaufsoption, bei einem Swing nach unten dagegen wie eine Kaufoption.

Auch hier benötigen Sie keine komplexen Formeln, sondern nur Bleistift und Papier, um die qualitative Preisentwicklung des RangeKOs zu prognostizieren!

	Der RangeKO verhält sich wie ein
Von Range-Mitte nach oben	Put
Von Range-Mitte nach unten	Call
Von unterhalb der Range nach oben	Call
Von oberhalb der Range nach oben	Put

Tabelle 5: Reaktion auf vergleichbare Kursveränderungen bei Standardoptionen

4.9.2 Down-and-Out-Put (DOP)

Der Down-and-Out-Put (DOP) zählt aus optionspreistheoretischer Sicht ebenfalls zu den komplexen Optionen, funktioniert allerdings eigentlich relativ einfach: Der Käufer des DOP profitiert von fallenden Preisen bis zu einem bestimmten Kursniveau (Barriere oder Knock-out-Level), unterhalb dessen die Option wertlos verfällt. Für dieses sogenannte Barriereereignis genügt es, wenn der Preis des Basiswerts ein einziges Mal die Barriere berührt hat. Da der Preis eines DOPs bereits von vorangegangenen Kursbewegungen des Basiswertes abhängig ist, spricht man übrigens von einer pfadabhängigen Option. Standardoptionen sind hingegen pfadunabhängig, da der Marktwert nur vom aktuellen Preis des Underlyings abhängt.

In der Grafik stellt die obere Linie den Basispreis des Puts und die untere Linie die Barriere dar. Im Gegensatz zu einer Standardoption spielt der Teil über der oberen Linie für den Wert der Option kaum eine Rolle. Bei einem DOP ist dagegen der Bereich unterhalb der Barriere (obere Linie) respektive der Barriereabstand weitaus bedeutsamer: Je mehr Areal unter das Knock-out-Level rutscht, desto stärker nimmt das Totalverlustrisiko zu. Das heißt aber auch, dass kein – oder nur noch ein minimaler – Einfluss auf den Marktwert des DOP feststellbar ist, je weiter sich die gesamte Fläche oberhalb der Barriere bewegt.

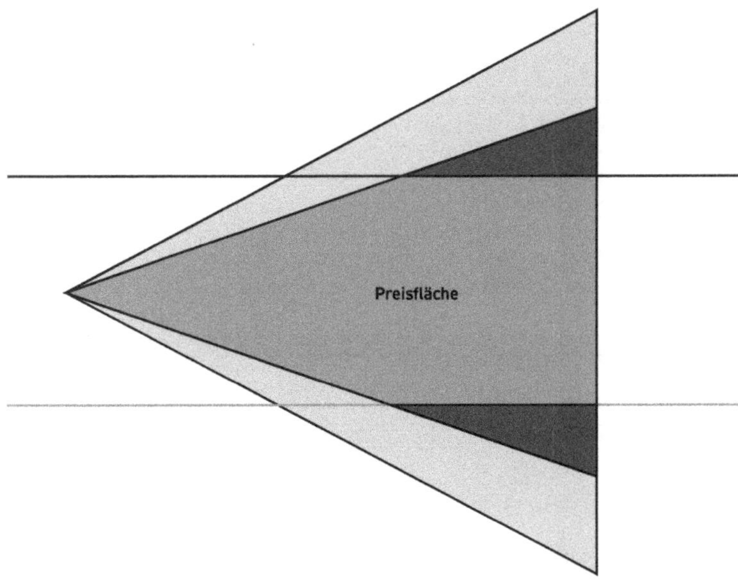

Grafik 18: Volatilitätsanstieg bei einem Down-and-Out-Put

Bei einer steigenden Volatilität des Basiswerts führt dies zu sinkenden DOP-Preisen, wenn sich hierdurch Teile der Gewinnfläche nach außen bewegen. Gleiches gilt für eine längere Laufzeit des DOPs, wenn hierdurch das Risiko eines Barrierebruchs steigt. Bei einer Standardoption wirkt eine längere Frist preissteigernd.

Wie bei einem Standard-Call gilt auch für einen DOP, dass mit der Dividendenhöhe der Wert sinkt. In Grafik 18 führt die steigende

Schwankungsbreite des Basiswerts zwar einerseits dazu, dass sich die Bereiche ober-/unterhalb des Basispreises (schwarze Linie) vergrößern, gleichzeitig nimmt aber auch der Bereich unterhalb der grauen Linie deutlich zu. Das bedeutet wiederum, dass das Totalverlustrisiko ebenso zunimmt und der Wert des DOPs sinkt.

Einflussfaktor	Veränderung des Einflussfaktors	Auswirkung auf den Preis eines DOPs
Basispreis	↑	↑
Barriere	↑	↓
Volatilität	↑	↓
Laufzeit	↑	↓
Dividendenhöhe	↑	↑↓
Zinsen	↑	↑↓

Tabelle 6: Auswirkungen der Veränderungen der Einflussfaktoren auf den Preis

4.9.3 Zusammenfassung

Selbst das Kursverhalten von komplexen Optionen lässt sich mit der Idee der Gewinnfläche einfach analysieren. Zwar ist keine quantitative Aussage nach dem Motto „die Option verliert xy Prozent an Wert" möglich, allerdings ist eine qualitative Analyse („der Preis der Option steigt, weil ...") durchaus möglich.

Diese Überlegungen genügen meistens schon, um die Preisänderung der Optionen prognostizieren und so bereits eine Vorauswahl an Strukturen tätigen zu können. Ohnehin müssen Sie sich im Bereich der Derivate von dem Gedanken befreien, einen exakten „korrekten" Kurs berechnen zu können. Lediglich am Laufzeitende oder kurz davor können Preise exakt bestimmt werden.

4.10 Duplizierung von Zertifikaten und die europäische Put-Call-Parität

Zertifikate sind immer aus zwei oder mehr Bestandteilen zusammengesetzte Produkte. Diese Bestandteile können nur Optionen oder eine Kombination aus Anleihe und Option sein. Um diese „nachzubauen", wird das Zertifikat zunächst in seine Bestandteile zerlegt. In diesem Zusammenhang wird von der Duplizierung[6] eines Zertifikats gesprochen.

Die Put-Call-Parität besagt nun, dass das gleichzeitige Halten eines europäischen Short Puts und eines europäischen Long Calls mit identischer Laufzeit und Strike die gleiche Rendite erbringt wie das Halten eines Terminkontrakts auf denselben Basiswert und somit ein arbitragefreier[7] Zusammenhang zwischen den unterschiedlichen Komponenten dargestellt werden kann. „Parität" stammt aus dem Lateinischen und bedeutet „Gleichheit". Bildlich gesprochen verdeutlicht die Put-Call-Parität die zwei Seiten einer Medaille. Die Herleitung und weitere Details sind in den Arbeiten von Stoll (1969) sowie in der von Black/Scholes und Merton begründeten Optionstheorie (1973) nachzulesen, sollen hier aber keine weitere Rolle spielen.

Auf diese Put-Call-Parität wird in Kapitel 5 verstärkt zurückgegriffen. Daher habe ich mich dafür entschieden, diese „vor die Klammer" zu ziehen. Lassen Sie sich auch hier nicht von der sperrigen Formel abschrecken und seien Sie insbesondere nicht entmutigt, wenn Sie diese nicht gleich verstehen.

$$C + K * e(-r * t) = P + S_0 + D * e(-r * \tau)$$

Wobei gilt:

C = Wert der Call-Option

K = Basispreis des Calls im Portfolio

P = Wert der Put-Option

S_0 = Kassapreis des Basiswerts

D*e(−r*τ) = Abgezinster Wert der Dividende

t = Laufzeit der Optionen

r = Zinssatz[8]

τ = Zeitraum bis zur nächsten Dividendenzahlung

Wichtig ist nur, dass es eine feste Beziehung zwischen Calls und Puts mit ansonsten identischen Ausstattungsmerkmalen (Basiswert, Basispreis und Laufzeit) geben sollte, um Arbitragemöglichkeiten zu vermeiden. Sie besagt, dass der Preis eines Calls direkt einen Preis für die entsprechende Put-Option mit identischen Ausstattungsmerkmalen bestimmt und umgekehrt. Daher kann die Put-Call-Parität häufig zur Bewertung von Optionen herangezogen werden, indem zum Beispiel nach dem Preis des Calls aufgelöst wird. Dieses Vorgehen ist jedoch nicht auf amerikanische Optionen anwendbar, da diese jederzeit ausgeübt werden können.

5

Die wichtigsten Zertifikate-Strukturen und ihre Einsatzmöglichkeiten

In den folgenden Kapiteln soll differenziert auf Anlageprodukte mit ihren jeweiligen Stärken und Schwächen eingegangen werden. Sie müssen abwägen, welches Anlageziel Sie haben, und dann das zu Ihrer persönlichen Strategie passende Produkt suchen. Dieses Buch will Ihnen verschiedene Zertifikatetypen und Einsatzmöglichkeiten erläutern. Ich möchte jedoch auch nicht verschweigen, dass aus meiner Sicht eine ganze Reihe von strukturierten Produkten existiert, die bizarr sind und keinen wirklichen Mehrwert für Sie bringen. Daher verzichte ich auf deren ausführliche Darstellung, zumal ihr Anteil an den verfügbaren Zertifikaten eher bescheiden ist. Leider gibt es auf der anderen Seite auch Produkte, die attraktiv sind, aber nicht mehr oder nur noch selten angeboten werden. Es genügt jedoch vollkommen, wenn Sie sich als angehender Anleger mit einer Handvoll der wichtigsten Typen und deren Abwandlungen auskennen oder die Nachteile kennen und deshalb diese Strukturen meiden.

5.1 Discount-Zertifikate – der Klassiker

Mit rund 72 Prozent machen Discount-Zertifikate und Reverse Convertibles, die sich im Auszahlungsprofil stark ähneln (siehe Kapitel 5.3), den größten Anteil am Zertifikatemarkt aus. Daher will ich diese als Erstes beleuchten. Diese beiden Typen stellen die einfachsten „zusammengesetzten" Produkte dar.

5.1.1 Strategien mit Discount-Zertifikaten

Mit Discount-Zertifikaten können individuelle Anlagestrategien umgesetzt werden. Die Auswahl richtet sich nach der Risikoneigung und den Erwartungen des Anlegers. Es gibt defensive, neutrale und offensive Strategien. Der Vorteil bei Discount-Zertifikaten ist, dass der zugrunde liegende Basiswert teilweise physisch geliefert wird. Sie erhalten also zum Beispiel Aktien in Ihr Depot eingebucht. Daher ist es wichtig, dass Sie „Discounter", wie die Produkte auch liebevoll genannt werden, auf Werte auswählen, in denen Sie ohnehin gern investiert wären. Mit den im Anschluss vorgestellten Protect-Discount-Zertifikaten wurde aber selbst das Risiko der unerwünschten Lieferung reduziert. Ansonsten haben Sie ja immer die Möglichkeit, das Zertifikat vor Laufzeitende zu verkaufen.

5.1.1.1 Defensive Anlagestrategie (Renditeerwartung circa 3 bis 6 Prozent pro Jahr)

Für Anleger, die auf einem niedrigen Niveau in einen Basiswert einsteigen möchten und großen Wert auf Sicherheit legen, eignen sich Discount-Zertifikate, bei denen der Cap unterhalb des aktuellen Kurses des Basiswerts liegt. Sie erinnern sich: Die Moneyness ist bei einem Call das Verhältnis aus Basispreis und Underlying-Kurs. Obwohl einem Discount-Zertifikat eine andere Struktur zugrunde liegt, bedeutet eine

Moneyness von 90 Prozent bei einem Discounter, dass der Cap bei 90 Prozent des Basiswertpreises liegt. Bei einem Aktienpreis von 120 Euro wäre der Cap also bei 108 Euro.

Zwar geben Sie damit einen Teil Ihrer Ertragschance auf, dagegen steht ein höherer Schutz gegen Kursverluste des Basiswerts. Eine Orientierung, wie der Cap zu wählen ist, kann die Chartanalyse geben: Der Cap sollte in der Nähe einer wichtigen Unterstützung liegen.

5.1.1.2 Neutrale Anlagestrategie (Renditeerwartung circa 6 bis 10 Prozent pro Jahr)

Wer tendenziell nur mit einem Seitwärtsverlauf eines Basiswerts rechnet, setzt dies mit einer marktneutralen Anlagestrategie um. So lassen sich besonders bei stagnierenden, aber auch bei moderat fallenden Notierungen attraktive Wertzuwächse im Vergleich zum Direktinvestment erzielen. Discount-Zertifikate mit neutraler Ausrichtung sind mit einem Cap ausgestattet, der ungefähr dem aktuellen Preis des Underlyings entspricht. Die Moneyness des Short Calls liegt also um 100 Prozent. Anleger können über einen höheren Abschlag zusätzliche Ertragschancen im Seitwärtsmarkt nutzen.

5.1.1.3 Offensive Anlagestrategie (Renditeerwartung circa 10 bis 20 Prozent pro Jahr)

Ist ein Anleger vom Kurspotenzial des Basisinstruments überzeugt und will gleichzeitig das Risiko im Vergleich zu einem Direktinvestment verringern, wählt er Basispreise aus, die aus dem Geld sind, also zum Beispiel oberhalb von 110 Prozent. Hier können Sie sich ebenfalls der Chartanalyse bedienen, indem Sie den Cap im Bereich eines Widerstands und somit etwa in Höhe des eingeschätzten Kurspotenzials wählen. Anleger nehmen so für eine höhere Gewinnchance einen geringeren Discount in Kauf.

5.1.1.4 Fallen Angels

An der Börse bezeichnet man mit „Fallen Angels" Aktien, die auf negative Nachrichten mit starken Kursabschlägen reagiert haben. Bevor ich diese Strategie genauer darstelle, muss ich zunächst auf die Konstruktion von Discount-Zertifikaten eingehen.

Um Ihnen zu präsentieren, wie renditestark diese Strategie sein kann und welche Vorzüge sie hat, zeige ich Ihnen zwei Grafiken aus einem Vortrag im Jahr 2016. Kurze Zusammenfassung vorab: Trotz eines zweistelligen Minus der beiden Aktien (Wirecard und Ströer) waren zwischen 9,50 Prozent und knapp 13 Prozent Gewinn möglich. Selbst als die beiden Unternehmensanteile um etwa 16 Prozent anstiegen, lagen die Chancen mit den Discount-Zertifikaten höher. Wie Sie jedoch vielleicht wissen, konnten auch Discount-Zertifikate aufgrund der betrügerischen Machenschaften bei Wirecard dem Totalverlust nichts entgegensetzen.

Im Gegensatz zu den drei ersten Anlagestrategien steht hier eindeutig nur die (kurzfristige) Rendite im Vordergrund, nicht jedoch ein langfristiger Einstieg beim Underlying.

Grafik 19: Fallen Angels – Grafiken aus meiner Präsentation an der Julius-Maximilians-Universität im Jahr 2016

5.1.2 Auszahlungsprofil

Starten wir mit dem Gewinn, der am Laufzeitende möglich ist und daher auch als Auszahlungsprofil bezeichnet wird. Discount-Zertifikate kombinieren attraktive Gewinnchancen mit einem Puffer gegen moderate Kursrückgänge des Basiswerts und können so das Chance-Risiko-Profil einer Finanzanlage in einem Basiswert optimieren. Mit einem Discounter können Sie mit einem Abschlag (Discount) in einen Basiswert einsteigen. Im Gegenzug verzichten Sie aber auf die Beteiligung an Kurssteigerungen des Basiswerts über einen festgelegten Höchstbetrag (Cap) hinaus. Erträge können bereits dann erzielt werden, wenn sich der Kurs des Basiswerts nur leicht nach oben oder unten verändert.

Der Kursabschlag zu dem Basiswert stammt aus dem Verkauf eines Calls. Dieser „Short Call“ ist auch der Grund, dass das Discount-Zertifikat über einem bestimmten Höchstbetrag (dem Basispreis des Short Calls) nicht weiter an Kurssteigerungen des Underlyings partizipiert.

5.1.3 Einfluss der Faktoren auf den Kurs

Der Wert eines Discount-Zertifikats ergibt sich aus der Summe des Underlying-Kurses (genauer gesagt: aus einem europäischen Long Call mit Basispreis null) und dem Wert des Short Calls. Da dieser oberhalb des Caps (Basispreis des Short Calls) sukzessive fällt, knickt die Linie des Discounters ab dem Cap in die Horizontale. Gegenüber dem Basiswert erzielt das Discount-Zertifikat eine Outperformance, da der Preis unterhalb des Basiswertkurses liegt.

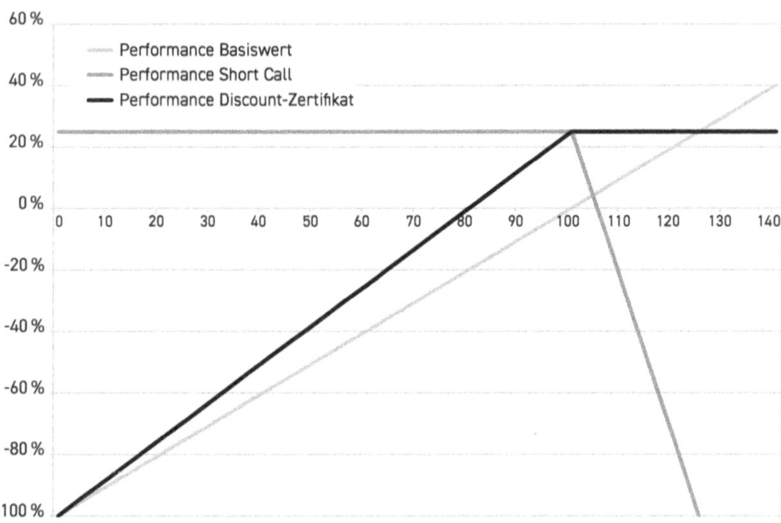

Grafik 20: Auszahlungsprofil eines Discount-Zertifikats mit einem Cap (Strike des Short Calls) von 100

Der Einfluss der verschiedenen Preisfaktoren auf den Kurs eines Discount-Zertifikats lässt sich leicht ermitteln, wenn Sie sich die Duplizierung nochmals anschauen: Die Auswirkung des Basiswertkurses auf den Produktpreis beschränkt sich auf die Veränderung im Underlying. Bei den anderen Determinanten spielen die bekannten Merkmale eines Calls die wesentliche Rolle. Eingangs wurde geschildert, dass insbesondere die Volatilität und die Laufzeit zu einer höheren Optionsprämie führen. Da ein Discounter aus einem Short Call besteht, muss die Einflussnahme auf dessen Preis „auf den Kopf gestellt" werden. Je teurer der Long Call ist, umso mehr erhalten Sie durch den Verkauf und umso billiger ist das Discount-Zertifikat. Das heißt, je höher die Volatilität und/oder je länger die Laufzeit des Zertifikats ist, umso günstiger ist das Produkt. Ein niedriger Kurs bedeutet gleichzeitig auch, dass die mit dem Discount-Zertifikat erzielbaren Wertzuwächse beziehungsweise Renditen höher ausfallen können. Der Wertzuwachs berücksichtigt keine Laufzeit, sondern nur den möglichen Gewinn. Renditen sind hingegen annualisierte Wertzuwächse, das heißt, hier wird die Laufzeit über den Zinseszinseffekt berücksichtigt.

Einflussfaktor	Veränderung des Einflussfaktors	Auswirkung auf den Preis eines Discount-Zertifikats
Basispreis	↑	↑
Volatilität	↑	↓
Laufzeit	↑	↑
Dividendenhöhe	↑	↓
Zinsen	↑	↓

Tabelle 7: Einflussfaktoren und deren Auswirkung auf den Preis eines Discount-Zertifikats

5.1.4 Kennzahlen

Grundsätzlich ist der Vergleich von Discount-Zertifikaten sehr einfach, wenn diese nahezu identisch (gleicher Strike, [nahezu] gleiche Laufzeit) sind. Häufig unterscheidet sich die Fälligkeit nur um wenige Tage. Bei einem Vergleich ist dies grundsätzlich unerheblich. Liegt jedoch eine Fälligkeit vor und ein anderes Laufzeitende nach einem

Dividendentermin, so ergeben sich Unterschiede, die zu einer Verzerrung führen und den direkten Vergleich erschweren. In diesem Fall ist das günstigste Zertifikat auch das beste Produkt.

Ansonsten können verschiedene Kennzahlen ermittelt werden, die Ihnen bei Produkten mit ähnlichen Ausstattungsmerkmalen (unterschiedliche Strikes und/oder Laufzeit) helfen, diese miteinander zu vergleichen.

5.1.4.1 Das Ratio oder Bezugsverhältnis

Das Ratio gibt an, wie viele Einheiten des Discount-Zertifikats benötigt werden, um eine Einheit des Basisinstruments zu kontrollieren. Bei Discountern auf Aktien beträgt das Ratio im Allgemeinen 0, selten auch 0,1. Bei Index-Discount-Zertifikaten liegt das Bezugsverhältnis bei 0,01 oder 0,1.

In der Regel weichen die Ratios von diesen Werten nur ab, wenn es bei einer Aktie zu einer sogenannten Corporate Action kommt. Dazu später mehr.

5.1.4.2 Seitwärtsrendite

Die Seitwärtsrendite gibt den annualisierten Gewinn[1] an, wenn sich der Kurs des Basiswerts bis Laufzeitende nicht verändert, sondern auf dem aktuellen Stand bleibt. Hierzu wird zunächst der (prozentuale) Wertzuwachs gemäß folgender Formel berechnet:

$$WZw = S_0 / (DZ\text{-}Preis / Ratio) - 1$$

WZw = Wertzuwachs
S_0 = Kassapreis des Basiswerts
DZ-Preis = aktueller Kurs des Discount-Zertifikats

Die Seitwärtsrendite lässt sich nun leicht aus dem WZw ermitteln:

SR pro anno = (1 + WZw.) ^ 1/RLZ -1

SR pro anno = Seitwärtsrendite
RLZ = Restlaufzeit in Jahren

Folgendes Zahlenbeispiel soll die Berechnung verdeutlichen:

DZ-Preis = 75 Euro
Ratio = 1
S_0 = 90 Euro
Cap = 100 Euro

WZw = 90 / (75 / 1) - 1 = 20 Prozent[2]
SR p.a. = (1 + 20 Prozent) ^ 1/2 - 1 = 1,2 ^ 1/2 -1 = 9,5 Prozent

Der Cap spielt in diesem Fall keine Rolle. Sollte der Basiswert jedoch über dem Cap notieren, muss die Formel angepasst werden, da ein Discounter maximal zum Cap-Betrag zurückgezahlt wird:

WZw = Cap / (DZ-Preis / Ratio) - 1
WZw = 100 / (75 / 1) -1 = 33,3 Prozent

Die Seitwärtsrendite wird dann identisch zu oben berechnet:

SR p. a. = (1 + 33,3 Prozent) ^ 1/2 - 1 = 1,33 ^ 1/2 - 1 = 15,5 Prozent

5.1.4.3 Wertzuwachs bis Cap

Der Wertzuwachs bis zum Cap gibt den prozentualen Wert an, der maximal mit dem Discount-Zertifikat erzielt werden kann. Diese

Kennzahl ist identisch mit dem Wertzuwachs beziehungsweise der Seitwärtsrendite, wenn das Underlying über dem Cap notiert. Zur besseren Vergleichbarkeit kann auch dieser annualisiert werden.

$WZw._{max}$ = Cap / (DZ-Preis / Ratio) -1
$WZw._{max}$ p. a. = (1 + WZw. max) ^ 1/RLZ -1

$WZw._{max}$ = 100 / (75 / 1) -1 = 33,3 Prozent
$WZw._{max}$ p. a. = (1 + 33,3 Prozent) ^ 1/2 - 1 = 1,33 ^ 1/2 - 1 = 15,5 Prozent

$WZw._{max}$ = maximal erzielbarer Gewinn
$WZw._{max}$ p. a. = annualisierter maximal erzielbarer Gewinn

5.1.4.4 Outperformance-Punkt

Indem der maximale Wertzuwachs des Discount-Zertifikats auf den aktuellen Preis des Basiswerts bezogen wird, lässt sich berechnen, bis zu welchem Kurs das Underlying steigen muss, damit der Käufer mit dem Basiswert eine höhere Performance als mit dem Discounter erzielt. Steht es am Laufzeitende unter dem Outperformance-Punkt, so war der Kauf des Discount-Zertifikats die bessere Alternative. Ansonsten hätte der Anleger mit dem Erwerb des Basisinstruments einen höheren Gewinn einfahren können, und es wäre daher gegenüber dem Discounter zu bevorzugen gewesen. Natürlich lässt sich erst im Nachhinein sagen, welche Alternative die bessere gewesen wäre, aber mit dem Outperformance-Punkt ergibt sich zumindest ein Anhaltspunkt, welche der beiden Möglichkeiten (Kauf eines Discount-Zertifikats oder Erwerb des Underlyings) die bessere sein könnte. Unterstützt werden kann diese Abwägung durch Fundamental- oder Chartanalysen (Widerstandslinien).

$OPP = S_0 * (1 + WZw. max)$

$OPP = 90 * (1 + 33{,}3 \text{ Prozent}) = 90 * 1{,}33 = 119{,}70 \text{ Euro}$

OPP = Outperformance-Punkt

5.1.4.5 Verlustpunkt (Break-even)

Erst wenn der Basiswert unter den Kaufpreis des Discount-Zertifikats fällt, erleidet der Käufer einen Verlust. Der Verlustpunkt (auch als Break-even bezeichnet) tritt also dann ein, wenn am Laufzeitende gilt:

$S_{End} < \text{DZ-Preis}$

S_{End} = Abrechnungskurs am Laufzeitende

In dem Beispiel müsste das Underlying am Laufzeitende also unter 75 Euro notieren.[3]

5.1.4.6 Discount

Zur Beurteilung einer Anlage in einem Discount-Zertifikat kann die Höhe des Abschlags (Discount) gegenüber einem Direktinvestment in die Aktie berechnet werden. Der Discount ergibt sich, wenn Sie die Differenz zwischen dem Aktienkurs und dem Preis des Discount-Zertifikats ins Verhältnis zum Aktienkurs setzen.

$\text{Discount} = (S_0 - \text{DZ-Preis}) / S_0$

$\text{Discount} = (90 - 75) / 90 = 16{,}7 \text{ Prozent}$

Je wertvoller die Option ist, umso höher ist der Discount.

5.1.4.7 Exkurs: Corporate Action

Wie oben bereits erwähnt, verändern sich die Stammdaten[4] eines Zertifikats nach der Emission nicht mehr. Jedoch können Unternehmensereignisse eintreten, die zu einer Anpassung dieser Konditionen führen. Dies sind Splits, Reverse Splits, Sonderdividenden (Special Dividends), Kapitalerhöhungen oder Spin-offs. Solche Ereignisse betreffen immer den Kurs einer Aktie. Splits und Sonderdividenden sind die häufigsten Gründe für Anpassungen von Zertifikaten.

Ein Split (englisch *to split*: teilen) beschreibt einen technischen Vorgang an der Börse. Hierbei teilt ein börsennotiertes Unternehmen seine Aktien in kleinere Einheiten auf und vergrößert damit den Bestand der zu handelnden Aktien. Der Aktienkurs wird dadurch optisch „leichter" gemacht, am Depotwert der Position ändert sich dabei nichts.

Bei einem Reverse Split (einem umgekehrten Split) werden mehrere Aktien zusammengelegt. Der Aktienpreis steigt an, aber auch hier gilt, dass dies nichts am Depotwert ändert.

Bei einer Sonderdividende schüttet das Unternehmen zusätzliche Erträge aus. Diese kann zum Beispiel durch den Verkauf von Beteiligungen[5] begründet sein. Ein weiterer Grund ist die Beteiligung der Aktionäre an einem erfolgreichen Geschäftsjahr.[6]

Hier gilt es im Übrigen, die unterschiedlichen Börsenusancen zu beachten. Diese sind in der nachfolgenden Tabelle dargestellt. Beispielsweise schüttet Yara International am 7. Dezember eine Sonderdividende von 10 Norwegische Kronen aus.

Terminbörse	OMX Nasdaq	Eurex/Euronext	OCC
Sitz	Nordeuropa	Europa	USA
Anpassungsmethode	r-Faktor mit VWAP	r-Faktor Schlusskurs	Strike-Reduzierung
r-Faktor	0,9778099	0,977886	-10 NOK

Tabelle 8: Sonderdividende bei Yara International und Anpassungsmethoden

In den USA werden die Strikes der betroffenen Optionen grundsätzlich um den Ausschüttungsbetrag gemindert, das Ratio bleibt hierbei unverändert. In Europa existieren zwei Varianten des r-Faktors, der für die Anpassung verwendet wird: Die Eurex und die Euronext ermitteln ihre r-Faktoren auf Basis des Schlusskurses, während im Norden Europas zur Ermittlung des r-Faktors ein volumengewichteter Durchschnittskurs (VWAP = Volume-Weighted Average Price) Verwendung findet. Die Differenz ist hier zwar gering, kann aber bei stärkeren Kursschwankungen innerhalb eines Tages durchaus größer sein. Die Anpassung mittels r-Faktor erfolgt dann, indem die Strikes damit multipliziert werden und das Ratio durch diese Zahl dividiert wird.

Bei einer Kapitalerhöhung verschafft sich ein Unternehmen frisches Kapital, um Neuinvestitionen[7] zu tätigen oder zum Zwecke der Eigenkapitalbeschaffung/Refinanzierung[8], um ausreichend finanziert zu sein.

Solche Unternehmensereignisse werden über den sogenannten r-Faktor berücksichtigt. Diese Anpassungen haben dabei so zu erfolgen, dass der Depotwert eines Zertifikats erhalten bleibt. Demnach müssen Zertifikate sowohl vor als auch nach einer Kapitalveränderung mit denselben Rechten ausgestattet sein beziehungsweise denselben Wert besitzen. Wird beispielsweise eine Aktie im Verhältnis 1:2 gesplittet, dann würde ein Aktionär statt 20 Aktien zu 100 Euro 40 Aktien zu je 50 Euro besitzen. Sein Depotwert hat sich also nicht geändert. Im Zertifikat wird diese Maßnahme umgesetzt, indem der Strike mit ½ = 0,5 multipliziert und das Ratio durch diesen Wert geteilt wird. Ein Zertifikat, das vor dem Ereignis ein Ratio von 1 und einen Basispreis (Cap) von 100 Euro hatte, besitzt danach ein Ratio von 2 und einen Basispreis von 50 Euro.

Bei einem Spin-off trennt sich eine Gesellschaft von einem Tochterunternehmen und gewährt den Aktionären eine Beteiligung an der Ausgliederung[9]. Hierbei stehen dem Emittenten zwei Wahlmöglichkeiten zur Verfügung: Entweder wird ein Basket (Korb) aus den beiden Wertpapieren gebildet oder aber die Anteile des ausgegliederten

Unternehmens werden verkauft und der Erlös wird wie bei einer Sonderdividende, also über einen r-Faktor, auf das Zertifikat umgerechnet.

5.1.4.8 Fallen Angels – warum diese Strategie besonders ertragreich ist

Wie oben erwähnt, handelt es sich bei Fallen Angels um Aktien, deren Kurs stark eingebrochen ist. Der Hintergrund, warum damit hohe Gewinne erzielt werden können, ist die Beobachtung, dass bei stark gefallenen Basiswerten die implizite Volatilität der Option stark anzieht. Bei der Beschreibung des Einflusses der Volatilität des Basiswerts auf den Preis einer Option haben Sie gesehen, dass sich dieser generell erhöht. Ein höherer Optionspreis bewirkt somit, dass der Discount bei einem Zertifikat ebenfalls zunimmt.

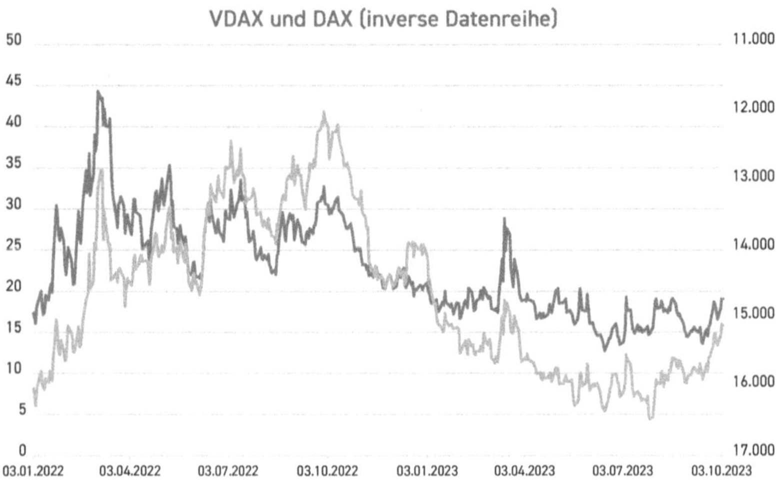

Grafik 21: DAX und Volatilitätsindex (VDAX)

Im obigen Chart ist der DAX (inverse Datenreihe) sowie sein Volatilitätsindex dargestellt. Wie Sie erkennen können, steigen die Volatilitäten von DAX-Optionen tendenziell, wenn der DAX fällt (im inversen Chart „steigt" der DAX).

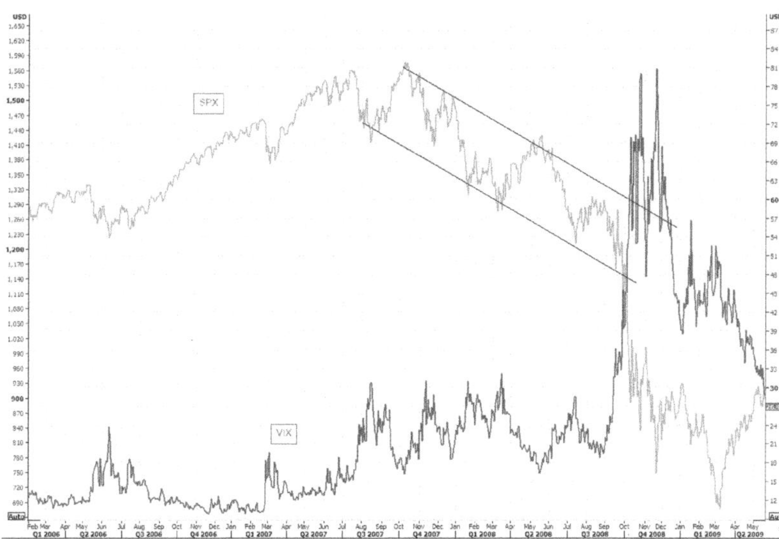

Grafik 22: S&P 500 (SPX) und Volatilitätsindex (VIX)

Dieser Zusammenhang gilt selbstredend nicht nur für DAX-Optionen. Am Beispiel des S&P 500 und der impliziten Optionen auf den US-Index lässt sich dieser Zusammenhang ebenfalls gut erkennen. Im Zuge der Lehman-Krise sprangen die Volatilitäten mit den fallenden Indexnotierungen an.

Dieses Verhalten von Optionen können Sie sich zunutze machen, wenn Sie auf stark im Kurs gefallene Basiswerte setzen und nun mindestens eine stagnierende Notierung erwarten. Es beginnt damit, dass Sie mittels einfachster Chartanalyse Unterstützungslinien suchen, an denen der Basiswert wieder nach oben drehen könnte. Aber Achtung: Es gibt keine Garantie, dass der Underlying-Kurs wieder steigt. Lediglich die Wahrscheinlichkeit, dass es zu einer Kehrtwende kommt, erhöht sich.

Grafik 23: Kursverlauf Varta (Quelle vwd TeleTrader)

Ein aktuelles Beispiel ist die Varta-Aktie, deren Kurs zuletzt durch eine geplante Kapitalerhöhung stark unter Druck geriet und zeitweise mehr als 17 Prozent verlor. Lag die implizite Volatilität bereits früher vergleichsweise hoch, so stieg diese durch den Kurseinbruch nochmals deutlich an. Im Chart eingezeichnet sind die beiden hellgrauen Unterstützungslinien bei 24,50 Euro und 23,00 Euro sowie die beiden dunkelgrauen Widerstandslinien bei 28,00 Euro und 30,00 Euro.

Im Chart gut erkennbar ist der massive Kursverlust, der mit einem Gap von circa 60 Euro auf circa 37,00 Euro begann und die Aktie bis zu einem Tief bei rund 23,00 Euro führte.

Betrachten wir nun drei Discount-Zertifikate mit einem Cap zwischen 25,00 und 30,00 Euro. Warum ich von der Widerstandslinie bei 28,00 Euro ausgehend einen abweichenden Cap bei 29,00 Euro wähle, erschließt sich Ihnen im nächsten Kapitel.

Der günstigste Discounter kostet 17,09 Euro, der teuerste hingegen 17,77 Euro. Bei einem aktuellen Aktienkurs von 23,49 Euro ergeben sich somit folgende Kennzahlen für die Zertifikate:

DZ-Preis	17,09	17,77	17,51
S_0	23,49	23,49	23,49
Ratio	1,00	1,00	1,00
Cap	25,00	29,00	30,00
Discount	27,25 %	24,35 %	25,46 %
WZw.	37,45 %	32,19 %	34,15 %
SR p. a.	49,82 %	42,82 %	45,33 %
$WZw._{max}$	46,80 %	63,20 %	71,22 %
$WZw._{max}$ p. a.	61,58 %	84,08 %	94,90 %
OPP	34,36	38,33	40,25
RLZ	0,75	0,75	0,75

Tabelle 9: Vergleich von Discount-Zertifikaten auf Varta

Hier zeigt sich eindeutig, warum die „Fallen Angel"-Strategie so ertragreich sein kann. Selbst wenn sich die Varta-Aktie bis zum Laufzeitende im Dezember 2023 nicht bewegt, erzielen Sie Wertzuwächse von 32,19 Prozent bis 37,45 Prozent. Eine geringere Seitwärtsrendite, aber höheren maximalen Wertzuwachs erzielen Sie bei einem Kursanstieg der Varta-Aktie auf 30 Euro (dies entspricht rund 28 Prozent Kursgewinn) mit dem Discount-Zertifikat mit Cap 30 im Vergleich zum Produkt mit Cap 25 Euro. Hier könnten Sie Ihren Ertrag sogar um bis zu rund 71 Prozent steigern. Nur wenn Varta über 34,36 Euro beziehungsweise über 40,25 Euro zulegen würde, wären Sie als Zertifikatekäufer im Nachteil!

Wie wichtig ein Preisvergleich für Sie ist und wie einfach Sie das beste Zertifikat finden können, zeigte die nächste Tabelle:

DZ-Preis	17,09	17,76
S_0	23,49	23,49
Ratio	1,00	1,00
Cap	25,00	25,00
Discount	27,25 %	24,39 %
WZw.	37,45 %	32,26 %
SR p. a.	49,82 %	42,92 %
$WZw._{max}$	46,80 %	40,77 %
$WZw._{max}$ p. a.	61,58 %	54,23 %
OPP	34,36	33,07
RLZ	0,75	0,75

Tabelle 10: Vergleich des jeweils besten und schlechtesten Discount-Zertifikats mit einem Cap bei 25 Euro

Die Preise der beiden Produkte unterscheiden sich um 0,67 Euro. Entsprechend sind die Kennzahlen bei dem teuren Discounter auch markant schlechter. Hier bewahrheitet sich einmal mehr der alte Kaufmannsspruch: „Im Einkauf liegt der Gewinn."

5.1.5 Das richtige Discount-Zertifikat finden

Anhand der Bayer-Anteile erläutere ich Ihnen, wie Sie das für Sie „richtige" Discount-Zertifikat finden können – vor dem Hintergrund, dass Bayer möglicherweise eine Aktie ist, die Sie ohnehin kaufen wollen. Sie sind von der Aktie überzeugt und möchten mittelfristig über ein Discount-Zertifikat zu einem günstigeren Preis in Bayer investieren.

Bedenken Sie auch, dass es sich hier weniger um eine „Fallen Angel"-Strategie handelt. Ich habe bewusst ein anderes Underlying gewählt, um im nächsten Kapitel zu den Protect-Discount-Zertifikaten die „Fallen Angel"-Strategie noch weiter zu verbessern.

Im Chart habe ich die Unterstützungen (hellgraue Linien) bei etwa 55 Euro, 51,00 Euro und 48,00 Euro eingezeichnet. Die Widerstände befinden sich (von unten nach oben) bei 58 Euro, 60 Euro und bei 63,80 Euro (dunkelgraue Linien). Zwischen diesen Linien dürfte sich das Papier der Leverkusener zunächst einmal bewegen.

Grafik 24: Chart der Bayer-Aktie mit Unterstützungs- und Widerstandslinien

Zur Auswahl stehen jeweils drei Discount-Zertifikate mit Fälligkeit im Dezember 2023 beziehungsweise Dezember 2024. Die Caps liegen bei 54, 60 und 64 Euro.

DZ-Preis	48,51	51,21	52,49
S_0	57,14	57,14	57,14
Ratio	1,00	1,00	1,00
Cap	54,00	60,00	64,00
Discount	15,10 %	10,38 %	8,14 %
WZw.	11,32 %	11,58 %	8,86 %
SR p. a.	13,94 %	14,26 %	10,91 %
WZw. $_{max}$	11,32 %	17,16 %	21,93 %
WZw. $_{max}$ p. a.	13,94 %	21,14 %	27,01 %
OPP	63,61	66,95	69,67
Bewertungstag	22.12.23	22.12.23	22.12.23

DZ-Preis	44,53	46,94	48,58
S_0	57,14	57,14	57,14
Ratio	1,00	1,00	1,00
Cap	54,00	60,00	64,00
Discount	22,07 %	17,85 %	14,98 %
WZw.	21,27 %	21,73 %	17,62 %
SR p.a	11,18 %	11,30 %	9,33 %
WZw. $_{max}$	21,27 %	27,82 %	31,74 %
WZw. $_{max}$ p.a	11,18 %	14,30 %	16,35 %
OPP	69,29	73,04	75,28
Bewertungstag	24.12.24	30.12.24	24.12.24

Tabelle 11: Discount-Zertifikate auf Bayer

Sofort ist erkennbar, dass der Outperformance-Punkt (OPP) nahe dem oder deutlich über dem potenziellen Kursziel von 64 Euro liegt. Die defensive Strategie erbringt eine Performance zwischen 11,32 Prozent und 21,27 Prozent (WZw. max), die neutrale etwa 17,16 Prozent oder 27,82 Prozent und die offensive Strategie sogar 21,93 Prozent und 31,74 Prozent. Selbst wenn die Bayer-Anteilscheine auf dem gegenwärtigen Niveau verharren, sind noch zwischen 8,86 Prozent und 13,94 Prozent zu erzielen.

Das Beispiel zeigt auch, wie Sie bei der Auswahl des richtigen Discounters vorgehen sollten:

1) Chartlinien einzeichnen und Kursziele definieren. Hier hilft Ihnen zum Beispiel das Charttool auf tradingdesk.finanzen.net, das semiprofessionellen Ansprüchen gerecht wird.
2) Der defensive Anleger setzt auf einen Cap in der Nähe der Unterstützung (55,00 Euro), der offensive Investor legt den Höchstbetrag an der Widerstandslinie (63,80 Euro beziehungsweise aufgerundet bei 64,00 Euro) fest. Der neutrale Stratege wählt einen maximalen Auszahlungsbetrag zwischen beiden Linien – also zwischen 58 und 60 Euro.
3) Die Laufzeit bestimmen Sie, indem Sie analysieren, wie lange im Schnitt das Wertpapier benötigt hat, um von der Widerstandslinie zur Unterstützungslinie zu gelangen und umgekehrt. In diesem Beispiel waren es jeweils rund zwei bis drei Monate. Ausgehend vom Mai 2023 würde eine Fälligkeit im Juni folglich ausreichen.
4) Zu diesem Zeithorizont wird je nach Geschmack noch ein Zeitpuffer hinzuaddiert. Der Hintergrund ist, dass kurzlaufende Discount-Zertifikate nicht genügend Puffer haben, um erneute Rückschläge ausgleichen zu können. Aus Sicherheitsgründen wählen Sie daher beispielsweise den Dezember 2023 oder sogar Dezember 2024, wenn Sie höhere Renditen erzielen möchten.
5) Zuletzt müssen Sie noch das beste Discount-Zertifikat finden. Auf der Internetseite von Onvista (www.onvista.de) können Sie dies am einfachsten bewerkstelligen, wenn Sie über „Derivate“ beziehungsweise „Derivate-Finder“ den Basiswert (Bayer) im Suchfeld eingeben. Anschließend wählen Sie die Kategorie (Discount-Zertifikate) aus. Jetzt tragen Sie nur noch die gewünschten Stammdaten in die verschiedenen Felder ein. Der beste Discounter wird gleich an der ersten Stelle angezeigt, da die Sortierung automatisch nach „Seitwärtsrendite p. a.“ erfolgt. Somit haben Sie aus über 2.100 Discountern auf Bayer mit wenigen Klicks das für Sie richtige Zertifikat gefunden.

6) Um den Auftrag aufzugeben, müssen Sie jetzt nur noch die WKN oder ISIN auswählen und in die Auftragsmaske Ihres Discount-Brokers eingeben. Wie bereits erwähnt, können Sie noch ein Kauflimit und ein Gültigkeitsdatum angeben. Schicken Sie den Auftrag ab, und wenn das Limit zum Preis des Emittenten passt, werden Sie in Sekundenschnelle die Ausführung sehen.

5.1.6 Ergebnis der Studien zu Discount-Zertifikaten

Seit einigen Jahren wird im Auftrag des DDV eine jährliche Studie zu den Anlageergebnissen von Discountern erarbeitet. In der Grafik sind die Ergebnisse für 2019 bis 2021 dargestellt. Die wichtigsten Erkenntnisse hierbei: Mit Discount-Zertifikaten konnten in diesen drei Jahren im Mittel zwischen 7,26 Prozent und 8,85 Prozent Rendite pro Jahr erzielt werden.

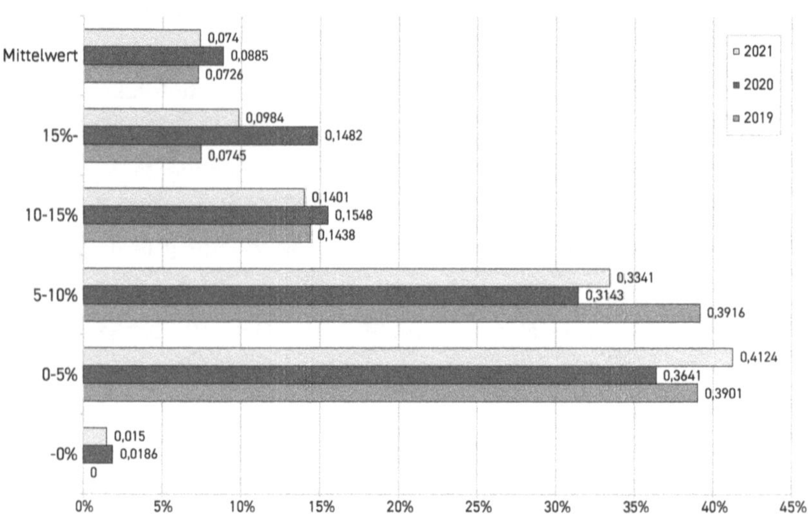

Grafik 25: Ergebnisse der DDV-Studie zur Wertentwicklung von Discount-Zertifikaten

5.1.7 Zusammenfassung

Discount-Zertifikate sind einfach zu verstehende und transparente Produkte. Für diese Transparenz sorgt beispielsweise die Möglichkeit, eine Option des Emittenten des Discount-Zertifikats als Short Call mit dem Underlying zu verknüpfen und sich anhand dieses „Nachbaus" selbst ein Bild von dem „fairen" Wert des Discounters zu machen. Der höhere Preis eines American Call im Vergleich zu einem European Call wird durch die Berechnung über den aktuellen Kurs (statt eines European Call mit Basispreis null) weitestgehend kompensiert.

Sie bieten viele Einsatzmöglichkeiten:

- Erzielung attraktiver Renditen
- Vergünstigter Einstieg in einen Basiswert, falls dieser wider Erwarten stärker fällt
- Fallen-Angel-Strategie als Investment mit Sicherheitspuffer und hoher Gewinnchance

5.2 Protect-Discount-Zertifikate – Discount-Zertifikate 2.0

Eine Weiterentwicklung der klassischen Discount-Zertifikate sind die sogenannten Protect-Discount-Zertifikate (häufig mit PDZ abgekürzt). Bei diesen Strukturen wird der Klassiker um einen sogenannten Down-and-Out-Put (DOP) ergänzt. Die Funktionsweise dieser Option haben Sie bereits eingangs kennengelernt, als ich Ihnen das Verhalten dieser pfadabhängigen Option über Schaubilder nähergebracht habe. Der DOP gewährt Ihnen die Sicherheit, dass der Höchstbetrag auch dann erstattet wird, wenn zwar der Cap unterschritten, aber eine darunter liegende Barriere nicht berührt wurde. Protect-Discount-Zertifikate bieten somit bei moderat fallenden Kursen einen besseren Schutz.

Gleichzeitig wird die Wahrscheinlichkeit verringert, dass es zu einer – möglicherweise unerwünschten – Aktienlieferung kommt. Ansonsten funktionieren Protect-Discount-Zertifikate unterhalb der Barriere und oberhalb des Caps wie die klassischen Discounter.

Kommt es jedoch zu einer Barriereverletzung, wird aus der Protect-Variante wieder ein klassisches Discount-Zertifikat. Als Anleger müssen Sie deswegen auch etwas mehr Zeitaufwand betreiben und immer auch die Barriere im Auge behalten.

Die zusätzliche Absicherung beziehungsweise Chance gibt es selbstverständlich nicht umsonst. Daher kosten Protect-Discount-Zertifikate mehr als die klassische Variante. Dieser leichte Renditenachteil ist aber auch mit einem geringeren Risiko verbunden. Auf diesen Punkt komme ich später im Rahmen der Strategie mit Fallen Angels zurück.

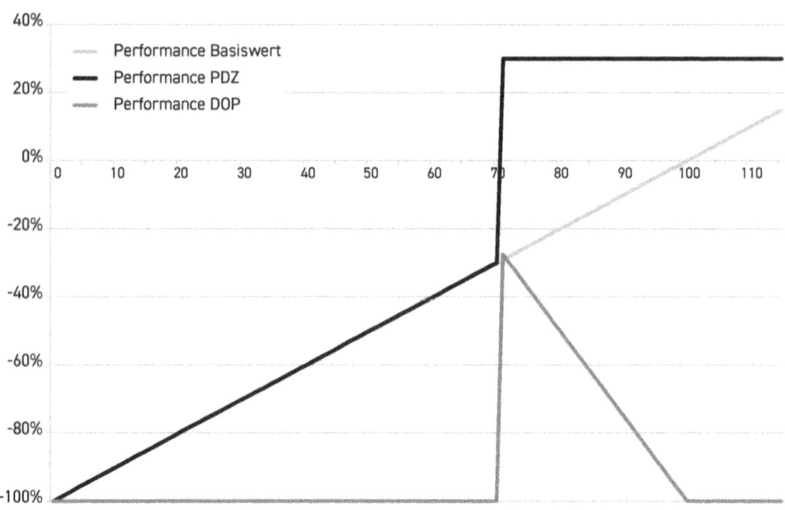

Grafik 26: Performance eines Protect-Discount-Zertifikats, des DOP und des Basiswerts

Ein Unterscheidungsmerkmal zwischen den drei gängigsten Varianten der Protect-Familie ist der Beobachtungszeitraum der Barriere. Es geht um unterschiedliche Zeitspannen, die beim Berühren oder Unterschreiten eines bestimmten Kursniveaus zu einem Barriereereignis führen. Die häufigste Variante ist die, bei der vom ersten Tag der Emission bis zur Fälligkeit das entsprechende Barrierelevel beobachtet wird. Um das Risiko weiter zu minimieren, kann der Zeitraum auf einige Wochen vor dem Laufzeitende oder sogar auf den allerletzten Bewertungstag eingeschränkt sein. Dies erkennen Sie anhand der Produktnamen: Bei einem Protect-Discount-Zertifikat mit dem Zusatz „Plus“ oder „Partial Time“ sind es die letzten zwei oder vier Wochen vor Fälligkeit. Lesen Sie im Produktnamen hingegen „Plus Pro“ oder „End“ ist die Barrierebetrachtung auf den letzten Bewertungstag eingegrenzt. Je kürzer der Beobachtungszeitraum ist, umso teurer ist auch der DOP. Hintergrund ist die sinkende Wahrscheinlichkeit für einen Knock-out und die „Verwandlung“ in ein klassisches Discount-Zertifikat.

5.2.1 Barriereabstand

Bevor wir zu den Strategien kommen, muss ich Ihnen noch eine Kennzahl erläutern: Da es sich bei einem Protect-Discount-Zertifikat im Grunde genommen um einen klassischen Discounter plus DOP zur Absicherung des Maximalwertes handelt, können Sie auch für diese Produkte die klassischen Kennzahlen berechnen. Hinzu kommt lediglich der Barriereabstand als Kennziffer. Die Berechnung ist selbstverständlich unabhängig davon, um welche Art von Barriere (europäisch, Partial Time oder End) es sich handelt. Der Barriereabstand ermittelt sich wie folgt:

$$\text{Barriereabstand} = 1 - (\text{Barriere} / S_0)$$

Liegt beispielsweise die Barriere für ein Protect-Discount-Zertifikat auf den Euro Stoxx 50 bei 2.000 Euro und der Index selbst notiert aktuell bei 4.267, so ergibt sich folgender Barriereabstand:

Barriereabstand = 1 – (2.000 / 4.267) = 1 – 46,87 Prozent = 53,13 Prozent.

Der Euro Stoxx 50 kann sich also mehr als halbieren, um die Maximalrendite zu erzielen.

DZ-Preis	41,31	56,78	59,72	50,04	43,08
S_0	4.267,56	4.267,56	4.267,56	4.267,56	4.267,56
Ratio	0,01	0,01	0,01	0,01	0,01
Barriere	2.200,00	2.200,00	2.500,00	2.900,00	3.200,00
Cap	4.600,00	6.400,00	6.900,00	6.000,00	5.200,00
Discount	3,20 %	-33,05 %	-39,94 %	-17,26 %	-0,95 %
WZw.	11,35 %	12,72 %	15,54 %	19,90 %	20,71 %
SR p. a.	6,02 %	6,72 %	8,17 %	10,32 %	10,72 %
$WZw._{max}$	11,35 %	12,72 %	15,54 %	19,90 %	20,71 %
$WZw._{max}$ p. a.	6,02 %	6,72 %	8,17 %	10,32 %	10,72 %
Barriereabstand	48,45 %	48,45 %	41,42 %	32,05 %	25,02 %
OPP	4.752,06	4.810,21	4.930,70	5.116,98	5.151,19
RLZ	1,84	1,84	1,84	1,85	1,85

Tabelle 12: Protect-Discount-Zertifikate auf den Euro Stoxx 50

Gut ersichtlich ist aus der vorliegenden Tabelle, dass höhere Erträge entweder durch einen geringeren Barriereabstand oder durch ein Aufgeld erzielt werden können. In Spalte 1 und 2 unterscheiden sich die Produkte lediglich durch den Cap. Die Renditekennzahlen verbessern sich aber nur unmerklich. Kurzum: Es lohnt sich für Sie als Anleger nicht, ein solches Zertifikat zu kaufen. In den drei folgenden Spalten steigen die Barrieren und die Caps sinken. Die höheren Erträge werden hierbei teuer erkauft. Solche Produkte sind für die meisten Anleger ebenfalls nicht geeignet. Am Ende des Kapitels zeige ich Ihnen, wie Sie das richtige Produkt finden.

Angesichts von Aufgeldern von rund 18 Prozent (negativer Discount) und mehr fragt man sich durchaus, ob die Bezeichnung „Protect-

Discount-Zertifikat" angebracht ist, da der Begriff „Discount" eher einen Abschlag gegenüber dem Basisinstrument vermuten lässt. Um solche Irritationen zu vermeiden, bezeichnen viele Emittenten diese Strukturen auch als „Bonus-Zertifikate mit Cap" (mehr zu Bonus-Zertifikaten im Abschnitt 5.6).

5.2.2 Strategien und Einsatzmöglichkeiten

Es dürfte Sie wenig überraschen, dass mit Protect-Discount-Zertifikaten die gleichen Strategien wie mit einem klassischen Discount-Zertifikat umgesetzt werden können. Aufgrund ihrer Konstruktion können die Protect-Varianten jedoch ein breiteres Anlagespektrum abdecken. Allerdings gibt es mit der Barriere eine weitere Stellschraube, mithilfe deren Sie Ihre persönlichen Erwartungen umsetzen können.

Wie immer gilt: Nutzen Sie einen Chart, um Anhaltspunkte für den Cap oder die Barriere zu finden. Sie können auch auf einen anderen Basiswert setzen, wenn kein geeignetes Produkt existiert (zum Beispiel BASF statt Bayer). Das Produkt muss zu Ihnen und Ihrem Anlegerprofil passen. Die Vorgehensweise zeige ich Ihnen, wie bereits erwähnt, am Kapitelende.

5.2.2.1 Defensive Anlagestrategie (Renditeerwartung circa 3 bis 8 Prozent pro Jahr)

Mit einer defensiven Strategie setzen Sie auf eine Seitwärtsphase oder auf fallende Kurse. Da Protect-Discount-Zertifikate mit einem Cap und einer Barriere ausgestattet sind, haben Sie zwei Möglichkeiten. Die erste besteht darin, dass der Cap leicht unter der aktuellen Notiz des Underlyings liegt und die Barriere mit rund 30 Prozent großzügiger bemessen wird. Bei der zweiten Variante wählen Sie einen Cap, der bei circa 90 Prozent des Basiswertkurses liegt. Die Barriere kann dann aufgrund des höheren Abschlags etwas näher am Preis des Basisinstruments gewählt werden. Ich persönlich bevorzuge etwa 25 Prozent Barriereabstand. Diese Werte gelten für rund einjährige Laufzeiten. Bei längeren Laufzeiten sollten Sie auch niedrigere Barrierelevels ansetzen. Liegt der Bewertungstag zum Beispiel zwei Jahre in der Zukunft, sollten es durchaus 40 oder 35 Prozent Barriereabstand sein.

5.2.2.2 Neutrale Anlagestrategie (Renditeerwartung circa 8 bis 12 Prozent pro Jahr)

Wenn Sie nur mit moderat fallenden Notierungen des Underlyings rechnen, können Sie mutiger sein und den Cap mit einer Moneyness von 110 Prozent wählen. Der Barriereabstand sollte dennoch mindestens 20 Prozent, besser noch 25 Prozent betragen. Das Protect-Discount-Zertifikat Ihrer Wahl wäre dann mit einem Höchstbetrag von 110 Prozent sowie einem Barrierelevel mindestens unter 75 Prozent des aktuellen Underlying-Kurses ausgestattet. Bei längeren Laufzeiten können Sie beide Kursgrenzen senken: Der Short Put des Discount-Zertifikats sorgt bei einer längeren Laufzeit ohnehin für einen höheren Discount, und das Risiko einer Barriereverletzung beim DOP sinkt dann gleichfalls.

5.2.2.3 Offensive Anlagestrategie (Renditeerwartung circa 12 bis 20 Prozent pro Jahr)

Ist ein Anleger vom Kurspotenzial des Basisinstrument überzeugt und will gleichzeitig das Risiko im Vergleich zu einem Direktinvestment verringern, wählt er Basispreise aus dem Geld aus, also oberhalb von 110 Prozent. Beachten Sie aber, dass der Cap nicht zu weit entfernt vom aktuellen Preis des Basiswerts liegt, da Sie sonst Gefahr laufen, die steigenden Wertzuwächse über höhere Aufgelder zu finanzieren.

Beachten Sie auch, dass die Barriere noch ausreichend weit entfernt ist, um auch eine vorübergehende Marktschwäche aussitzen zu können.

5.2.2.4 Fallen Angels

Bereits bei den klassischen Discount-Zertifikaten habe ich Ihnen gezeigt, welche hohen Renditen mit Fallen Angels möglich sind. Ich zeige Ihnen nun, wie Sie die Chancen noch verbessern können, ohne das Risiko überproportional zu erhöhen.

DZ-Preis	17,77	19,09	19,09
S_0	23,49	23,49	23,49
Ratio	1,00	1,00	1,00
Cap	29,00	29,00	29,00
Barriere			18,00
Barriere gebrochen		ja	nein
Discount	24,35 %	18,73 %	18,73 %
WZw.	32,19 %	23,05 %	51,91 %
SR p.a.	42,82 %	31,78 %	69,06 %
$WZw._{max}$	63,20 %	51,91 %	51,91 %
$WZw._{max}$ p.a.	84,08 %	69,06 %	69,06 %
Barriereabstand			23,37 %
OPP	38,33	35,68	35,68
RLZ	0,75	0,75	0,75

Tabelle 13: Vergleich Discount-Zertifikat mit einem Protect-Discount-Zertifikat (mit und ohne Barrierebruch)

Sie können aus der Tabelle zweierlei ablesen: Da die Höchstbeträge und die Laufzeit des Klassikers und der Protect-Variante identisch sind, können Sie den Preis des DOPs berechnen. Dieser beträgt 1,32 Euro und entspricht einfach der Preisdifferenz der beiden Zertifikate. Bei dem Protect-Discount-Zertifikat unterscheiden sich die Kennziffern im Vergleich zum Discounter nur beim Wertzuwachs (WZw.) beziehungsweise der Seitwärtsrendite p. a. (S.R. p. a.). Wie eingangs erwähnt, wird bei einer Barriereverletzung die Protect-Struktur zum klassischen Discounter. Daher sind in den beiden rechten Spalten die Kennzahlen berechnet worden, wenn bei Varta ein Barriereereignis (Barriere gebrochen: ja) eintritt beziehungsweise die Aktie bis Laufzeitende immer über 18,00 Euro notiert (Barriere gebrochen: nein). Wenn kein Barriereereignis eintritt, wird immer der Höchstbetrag gezahlt. Folglich entspricht der Wertzuwachs automatisch dem maximalen Ertrag.

Im Falle eines Unterschreitens des Kurslevels von 18 Euro verlieren Sie also rund neun Prozent an Wertzuwachs. Steigt Varta wieder bis zum Cap, liegt der Nachteil bei circa zwölf Prozent. Sollte allerdings Varta Ende Dezember über 18,00 Euro notieren und werden die Zertifikate mit einem Schlusskurs von 18,01 Euro abgerechnet, „gewinnen“ Sie mit dem Discount-Zertifikat 1,35 Prozent. Als Käufer des Protect-Discount-Zertifikats könnten Sie sich dagegen über fast 52 Prozent Kursgewinn freuen. Ich denke, Sie würden nach den massiven Kursverlusten bei den Varta-Anteilen auf eine Stabilisierung der Notiz setzen. Dann sollten Sie das Protect-Discount-Zertifikat wählen, da hiermit bei unveränderten Kursen ein höherer Wertzuwachs erzielbar ist.

5.2.3 Das richtige Protect-Discount-Zertifikat finden

Um das für Sie richtige Protect-Discount-Zertifikat zu finden, gehen Sie wie folgt vor (als Beispiel dient nun wieder Bayer):

Grafik 27: Langfrist-Chart der Bayer-Aktie mit den bekannten Unterstützungs- und Widerstandslinien

1) Zeichnen Sie in einem Chart Widerstands- und Unterstützungslinien ein. Hier verwenden Sie am besten wieder tradingdesk.finanzen.net
2) Widerstandslinien sind gute Anhaltspunkte für den Cap.
3) Unterstützungslinien sind erste Anhaltspunkte für die Barriere. Pro Jahr Restlaufzeit sollten Sie einen Abschlag von grob 20 Prozent unterhalb des aktuellen Underlying-Preises einkalkulieren. Notiert eine Aktie also bei 100 Euro, wäre die Barriere für ein Jahr Restlaufzeit höchstens bei 80 Euro, bei Fälligkeit in zwei Jahren höchstens bei 60 Euro anzusiedeln. Liegen in diesen Bereichen Unterstützungslinien, umso besser. Gegebenenfalls müssen Sie noch etwas feinjustieren. Haben Sie eine Unterstützung bei 59,50 Euro ausgemacht, suchen Sie sich Barrieren bei 59 Euro aus.
4) Der defensive Anleger setzt auf einen Cap in der Nähe der Unterstützung (55,00 Euro), der offensive Investor legt den Höchstbetrag

an der Widerstandslinie (64,00 Euro) fest. Der neutrale Stratege wählt einen maximalen Auszahlungsbetrag zwischen beiden Linien (60,00 Euro).

5) Die Laufzeit bestimmen Sie, indem Sie analysieren, wie lange im Schnitt das Wertpapier benötigt hat, um von der Widerstandslinie zur Unterstützungslinie zu gelangen und umgekehrt. In diesem Beispiel waren es jeweils rund zwei bis drei Monate. Anfang Mai würde eine Fälligkeit im Juni folglich ausreichen.
6) Zu diesem Zeithorizont wird, sofern gewünscht, wie beim klassischen Discount-Zertifikat noch ein Zeitpuffer hinzuaddiert. Aus Sicherheitsgründen wählen Sie daher beispielsweise den Dezember 2023 oder sogar Dezember 2024, wenn Sie eine höhere Rendite erzielen möchten.
7) Bei der Suche nach einer geeigneten Barriere müssen Sie bei Bayer sehr weit in die Vergangenheit zurückgehen. Mögliche Barrieren sollten Sie entweder mit 40,00 Euro (Barriereabstand 28,5 Prozent) oder 35 Euro (Barriereabstand 37,5 Prozent) auswählen.
8) Zuletzt müssen Sie noch das beste Protect-Discount-Zertifikat finden. Auf der Internetseite von Onvista (www.onvista.de) können Sie dies am einfachsten bewerkstelligen, wenn Sie über „Derivate“ und „Derivate-Finder“ den Basiswert (Bayer) im Suchfeld eingeben. Anschließend wählen Sie die Kategorie (Bonus-Zertifikate) aus. Jetzt tragen Sie nur noch die gewünschten Stammdaten in die verschiedenen Felder ein.
   a) Bei „Barriere“ wählen Sie zwischen 35,00 und 40,00 Euro aus.
   b) Für den Bonus geben Sie einen Wert zwischen 55,00 Euro und 64,00 Euro an.
   c) Weiter geht es mit der Restlaufzeit: Wenn Sie eine Fälligkeit im Dezember 2024 wünschen, klicken Sie 01.12.2024 und 31.12.2024 an.
   d) Da wir ein Protect-Discount-Zertifikat suchen, wählen Sie bei „Merkmalen“ „Capped“ aus.

9) Nun können Sie bis zu zehn verschiedene Kombinationen aus Barriere und Cap auswählen. Gefällt Ihnen ein Zertifikat nicht, weil ein identisches Produkt eine höhere Rendite hat, entfernen Sie es aus der Merkliste. Am Ende blieben von den 37 Zertifikaten in der Vorauswahl nur noch zwei Protect-Discounter übrig. Nun entscheidet Ihr persönliches Chance-Risiko-Profil, für welches Produkt Sie sich entscheiden.
10) Um den Auftrag aufzugeben, müssen Sie die WKN oder ISIN auswählen und in die Auftragsmaske Ihres Discount-Brokers eingeben. Wie oben bereits erwähnt, können Sie noch ein Kauflimit und ein Gültigkeitsdatum angeben. Schicken Sie den Auftrag ab, und wenn das Limit zum Preis des Emittenten passt, werden Sie in Sekundenschnelle die Ausführung sehen.

5.2.4 Zusammenfassung

Bei einem Protect-Discount-Zertifikat sind aufgrund des DOPs mehrere Szenarien am Laufzeitende denkbar:

a) Das Basisinstrument notiert über dem Cap: Der Anleger erhält den maximalen Betrag und damit den maximalen Wertzuwachs.
b) Der Basiswert notiert unter dem Cap, aber die Barriere wurde nicht verletzt: Der Investor erhält den maximalen Betrag und damit den maximalen Wertzuwachs.
c) Der Basiswert notiert unter dem Cap und die Barriere wurde verletzt: Das Protect-Discount-Zertifikat wird zum Underlying-Preis mal das Ratio zurückgezahlt.

Protect-Discount-Zertifikate sind eine echte Bereicherung des Anlagespektrums. Je nach Risikoneigung sollten Sie eine Barriere wählen, die mindestens 25 Prozent unter dem Kurs des Underlyings liegt. Andernfalls muss mit einem schnellen Barrierebruch gerechnet werden.

Ebenfalls wichtig ist das Aufgeld: Je näher die Barriere am Kurs des Basiswerts liegt, desto geringer sollte das Aufgeld sein beziehungsweise, besser noch, desto höher sollte der Discount sein. Legen Sie den Schwerpunkt auf hohe Renditen, drohen bei einem geringen Barriereabstand und hohen Aufgeldern überproportionale Verluste in Relation zum Basisinstrument.

An dieser Stelle auch noch eine Warnung: In den letzten Jahren wurden vermehrt Protect-Discount-Zertifikate emittiert, die bei Emission bereits einen geringen Barriereabstand besaßen, aber dafür im Erfolgsfall ein Vielfaches des Underlying-Kurses zurückzahlten. Sollte es aber einmal zu Kursrückschlägen – wie kürzlich bei Bank-Aktien – von 20 Prozent oder mehr kommen, könnte es sein, dass sich der ursprüngliche Kaufpreis halbiert. Solche Produkte sehe ich eher als Optionsscheine, weniger als Anlageprodukte an.

5.3 Reverse Convertibles – die andere Seite der Medaille

Für Liebhaber von Zinszahlungen sind Reverse Convertibles (RC) vordergründig – auf die Einschränkung komme ich später noch zu sprechen – interessante Anlagevehikel. Am Anlagemarkt werden sie auch als Aktien- oder Indexanleihen bezeichnet. „Reverse Convertibles" ist der Sammelbegriff für diese beiden Arten von Wertpapieren. Der Name verdeutlicht zugleich, worum es sich bei Reverse Convertibles tatsächlich handelt, nämlich um „Inhaberschuldverschreibungen mit Andienungswahlrecht des Emittenten". Die Wahl hat also der Emittent. Bei reinen Convertibles haben dagegen Sie als Anleger das Wahlrecht und werden es nur dann ausnutzen, wenn es zu Ihren Gunsten ausfällt.

Der Name „Aktienanleihe" ist eigentlich etwas irreführend, und die Namensgebung erfolgte eher unter dem Aspekt des Marketings. Diese Wertpapiere werden nämlich nicht von einem Unternehmen, sondern von einem Finanzinstitut begeben. Bei einer 3-Prozent-Siemens-Aktienanleihe dient die Siemens-Aktie lediglich als Basiswert. Die Rückzahlung ist daher auch nicht von der Bonität von Siemens abhängig oder wird gar von Siemens garantiert, sondern einzig und allein vom Emittenten und dessen Bonität. Lediglich die Tatsache, dass ein Zins gezahlt wird, verbindet dieses Produkt mit Unternehmensanleihen.

Reverse Convertibles sind Discount-Zertifikaten sehr ähnlich. Jedoch sind gewisse Unterschiede zu beachten. Da es sich um zinstragende Papiere handelt, ist die Art und Weise, wie unterjährige (Stück-)Zinsen berechnet werden, ein Aspekt. Hier unterscheidet man am Markt unter anderem die Methoden 30/360 (sogenannte deutsche Zinsmethode – jeder Monat wird mit 30 Tagen und das Jahr daher mit 360 Tagen angesetzt) und act/365 (die Zinstage werden kalendergenau bestimmt), das Zinsjahr hat folglich 365 oder 360 Tage. Darüber hinaus gibt es eine Reihe weiterer Zinsberechnungsmethoden.[10]

5.3.1 Strategien und Einsatzmöglichkeiten

Da sich Reverse Convertibles und Discount-Zertifikate sehr ähneln und Sie anhand des Auszahlungsprofils sehen werden, dass diese Produkte keinen echten Vorteil bringen, verzichte ich an dieser Stelle darauf, auf konkrete Strategien einzugehen.

5.3.2 Auszahlungsprofil

Die Graphen von klassischen Discount-Zertifikaten ähneln denen von Reverse Convertibles sehr stark, aber es gibt einen wichtigen Unterschied: Selbst wenn das Underlying auf null fällt, erhält der Käufer noch den vereinbarten Zinssatz. Bei einem Discounter hingegen tritt ein Totalverlust ein. Dies bedeutet, dass die entsprechenden Wertzuwächse wie bei einem Discounter zuzüglich der Zinszahlung errechnet werden.

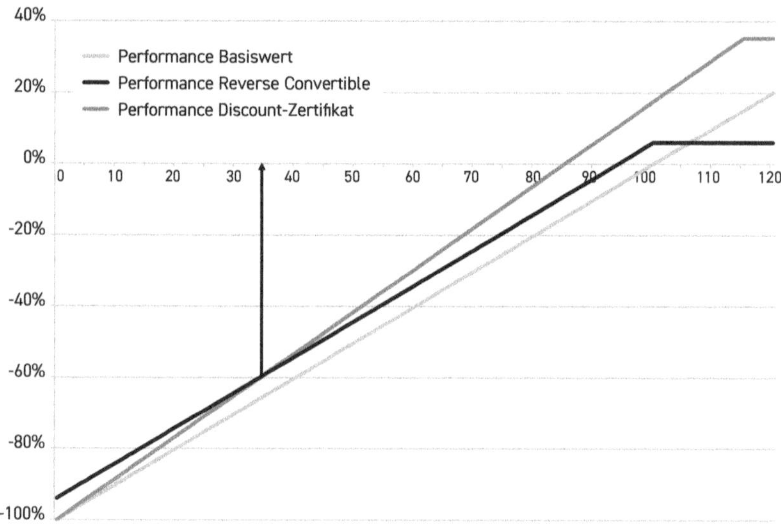

Grafik 28: Performance-Vergleich Reverse Convertible und Discount-Zertifikat

In der Grafik stechen zwei Punkte ins Auge: Erstens ist die Performance eines Discount-Zertifikats (dunkelgraue Linie) bis zu einem „Kipppunkt" immer besser als die Wertentwicklung des Reverse Convertibles (schwarze Linie). Erst unterhalb von circa 35 Euro beginnt die Outperformance des Reverse Convertibles. Allerdings stellt sich die Frage, ob es dann das geeignete Anlagevehikel für Sie ist, wenn das Basisinstrument so stark fällt und nicht mit der ursprünglichen Erwartung einer moderaten Seitwärtsbewegung in Einklang zu bringen ist.

Ein aktueller Vergleich von Discountern und Reverse Convertibles auf Bayer fördert Renditeunterschiede von zwei Prozent pro anno oder rund drei Prozent beim Wertzuwachs zutage.

Der zweite Aspekt ist zunächst nicht ganz offensichtlich, weil man hierzu die Duplizierung eines Reverse Convertibles betrachten muss. Diese Struktur kann man nachbauen, indem ein Short Put mit einem Basispreis in Höhe der Kursobergrenze mit einem Bond kombiniert wird: Die Zahlungsströme von Reverse Convertible und Discount-

Zertifikat sind identisch. Dies erkennt man, wenn die Put-Call-Parität so umgestellt wird, dass auf der einen Seite das Discount-Zertifikat und auf der anderen Seite der Reverse Convertible steht. Die Parität sieht zunächst wie folgt aus:

$$C + K * e(-r * t) = P + So + D *e(-r*\tau)$$

Wobei gilt:
C = Wert der Call-Option
K = Basispreis des Calls in Portfolio 1
P = Wert der Put-Option
S_0 = Kassapreis des Basiswerts
$D*e(-r*\tau)$ = Abgezinster Wert der Dividende
t = Laufzeit der Optionen
r = Zinssatz
τ = Zeitraum bis zur nächsten Dividendenzahlung

Stellt man diese Formel um, erkennt man auch, warum man bei diesen beiden Produkttypen von zwei Seiten einer Medaille spricht: Auf der linken Seite der Gleichung steht die Formel für einen Reverse Convertible (ohne Kupon) und auf der rechten Seite die für ein Discount-Zertifikat:

$$K * e(-r * t) - P = S_0 + D *e(-r *\tau) - C$$

Ein Reverse Convertible zeichnet sich aber gerade durch einen Kupon aus, folglich ist der Preis links höher als rechts. Da der Reverse Convertible links vom Kipppunkt aufgrund seiner Zinszahlung immer eine größere Fläche als der Discounter einschließt, muss dies durch eine höhere Performance des Discount-Zertifikats rechts vom Schnittpunkt ausgeglichen werden (siehe Grafik 28). In Relation zum Reverse Convertible wird dies durch eine Outperformance des Discounters auf der rechten Seite erreicht. Da Reverse Convertibles meistens einen niedrigeren Gewinn als Discount-Zertifikate abwerfen, halte ich diese „Anleihen" für Sie als Anleger für eher ungeeignet. Selbst wenn Sie sich regelmäßige Zinszahlungen wünschen, sollten Sie sich eine Anlage in Reverse Convertibles gut überlegen.

Eine interessante Schlussfolgerung ist übrigens, dass ein Discount-Zertifikat einem 0-Prozent-Reverse-Convertible entspricht:

$$e(-r * t) = e(0) = 1$$

und somit

$$K - P = S_0 - C$$

Im Falle eines Zinses von null Prozent liegen dann auch wieder beide Areale übereinander.

5.3.3 Zusammenfassung

Aufgrund der einfachen Struktur ergeben sich bei Fälligkeit lediglich zwei Szenarien:

a) Das Basisinstrument notiert über dem Cap: Der Anleger erhält den maximalen Betrag und damit den maximalen Wertzuwachs sowie die Zinsen.

b) Das Basisinstrument notiert unter dem Cap: In diesem Fall wird ein Betrag zuzüglich der Zinsen ausgezahlt, der analog zu dem Seitwärts-Wertzuwachs berechnet wird.

Reverse Convertibles sind im Grunde genommen nicht einmal für Anleger interessant, die regelmäßige Zinszahlungen wünschen: In dem für Discounter und Reverse Convertibles gängigen Marktszenario mit moderaten Kursausschlägen sind Discount-Zertifikate immer besser. Hinzu kommt, dass die Transparenz durch „krumme" Ratios leidet, da hier das Bezugsverhältnis nicht feststeht, sondern am Laufzeitbeginn als Nominalwert geteilt durch den Preis des Basisinstruments ermittelt wird. Sie müssen also bei einem Preisvergleich von zwei Reverse Convertibles auch immer zwei unterschiedliche Ratios berücksichtigen. Schließlich erschweren auch noch unterschiedliche Zinssätze den Vergleich. Anders als bei einem Discount-Zertifikat genügt also ein einfacher Vergleich der Produktpreise nicht.

Als Anleger sollten Sie daher zu den klassischen Discountern greifen. Deshalb verzichte ich an dieser Stelle wie gesagt auch auf die Beschreibung möglicher Strategien, zumal diese ohnehin denen von Discount-Zertifikaten ähneln.

5.4 Protect Reverse Convertibles – Reverse Convertibles 2.0

Da es Protect-Discount-Zertifikate gibt, existieren selbstredend auch Protect Reverse Convertibles. Die klassische Struktur wird ebenfalls einfach um einen DOP ergänzt. Die Zahlungsströme der beiden Protect-Varianten ähneln sich bei identischen Ausstattungsmerkmalen (Barriere, Strike und Laufzeit). Und wie bei dem Klassiker wird auch in der Protect-Variante der sichere Zins bei moderaten Seitwärtsbewegungen oder mäßig (bis maximal zur Barriere) fallenden Notierungen zu einem Nachteil, weil er den Renditenachteil gegenüber dem Protect-Discount-Zertifikat nicht ausgleichen kann. Folglich sind die „verzinsten Protect-Discount-Zertifikate" genauso mit Nachteilen behaftet, wie ich es schon bei den Reverse Convertibles kritisiert habe.

5.5 Indextracker – oder doch ein ETF?

Indextracker (von englisch „to track“: verfolgen), auch Partizipationsscheine (PS) genannt, bilden in der Regel einen Index oder die Preisentwicklung eines Rohstoffs ab. Damit können Anleger auch in exotische Märkte investieren, die ansonsten schwer zugänglich sind (zum Beispiel Kryptowährungen) oder auch höhere Einzelrisiken (zum Beispiel Small Caps) aufweisen. Über den Umweg der Indextracker sind auch Schweizer Aktien für EU-Bürger wieder handelbar, denn seit dem 1. Juli 2022 gilt: Nestlé, Novartis, Roche und Co sind in der EU nicht mehr handelbar, weil sich die EU-Kommission und die Schweiz nicht auf einen Status als „äquivalenter Drittstaat im Börsenhandel“ verständigen konnten. Neben den „bullishen“ Indextrackern gibt es auch „bearishe“ Indextracker, mit denen ein Anleger auf fallende Kursnotierungen setzt. Im Grunde handelt es sich hierbei um einen Long Put mit einem Basispreis, der bei Emission weit aus dem Geld liegt. Aufgrund seiner Struktur haben Reverse- beziehungsweise Bear-Indextracker immer eine Laufzeit.

$$IW_{IX} = S_0 * Ratio$$

$$IW_{BIX} = (P_{Lon}g - S_0) * Ratio$$

Bei Indextrackern beträgt das Ratio häufig 0,1 oder 0,01, um einen zumindest optisch günstigen Preis darzustellen und somit Anlegern zu erlauben, auch mit kleineren Beträgen in den Index zu investieren. Statt den DAX also für 15.467 Euro pro Einheit zu kaufen, kosten Indextracker auf den DAX nur 154,67 Euro.

Ein Vorteil gegenüber Exchange-Traded Funds (ETF) ist, dass mittels eines Trackers schneller in Megatrends wie Elektromobilität und Gaming investiert werden kann, da der Emittent einen solchen Index, besser gesagt Basket, in kürzester Zeit begeben kann. Notiert der

Basiswert in einer Fremdwährung, können Wechselkursschwankungen durch eine sogenannte Quanto-Struktur (Absicherung gegen Wechselkursschwankungen, beispielsweise durch Devisenoptionen) aufgefangen werden. Bei Quanto-Indextrackern erfolgt die Umrechnung von beispielsweise US-Dollar in Euro im Verhältnis 1:1.

Dem stehen einige Nachteile gegenüber. Zunächst ist hier das Emittentenrisiko zu nennen. Während Indextracker Inhaberschuldverschreibungen sind und daher im Insolvenzfall zu einem Totalverlust führen können, sind ETFs Sondervermögen, die vor dem Zugriff des ETF-Anbieters im Falle einer Pleite geschützt sind. Darüber hinaus bestehen bezüglich der Verwendung von Erträgen große Unterschiede: Die Besitzer von ETFs profitieren stets in irgendeiner Form von Ausschüttungen, da der Fondsanbieter den Index durch Kauf der Aktien im Index nachbildet und diese dem Fondsvermögen zufließen. Dies gilt vor allem bei Fonds, die eine vollständige Replikation oder ein optimiertes Sampling (englisch: Stichprobe) machen.

Bei der vollständigen Replikation werden alle Anteile eines Index für das Sondervermögen erworben. Diese Methode ist insbesondere bei Indizes, die nur aus wenigen Aktien bestehen (DAX 40, Euro Stoxx 50), sehr verbreitet. Beim Sampling werden dagegen nicht alle Anteilscheine des Index gekauft, sondern es wird nur in die wichtigsten Aktien investiert. Diese Replikation erfolgt meistens bei Indizes, die über mehrere Hundert Unternehmen verfügen, beispielsweise beim MSCI World oder beim FTSE World.

Neben diesen beiden Varianten der physischen Replikation gibt es bei ETFs noch die synthetische Replikation. Sie erfolgt über einen Swap, also ein Tauschgeschäft, bei dem zwei Zahlungsströme ausgetauscht werden: Der Anbieter garantiert zwar die Wiedergabe der Indexentwicklung, jedoch stehen dahinter Geschäfte, die mit dem betreffenden Index überhaupt nichts zu tun zu haben brauchen. Diese Methode wird bei Nischenindizes, aber insbesondere bei Rohstoffen angewendet.

Der Unterschied macht sich vor allem bei Preisindizes wie dem Euro Stoxx 50, Dow Jones Industrial Average oder Nikkei 225 bemerkbar. Bei Performance-Indizes (DAX 40 oder Total-Return- beziehungsweise Net-Return- oder Gross-Return-Indizes) spielt dies keine Rolle, da die Erträge automatisch in den Index reinvestiert werden. Auch bei Rohstoffen wie beispielsweise Edelmetallen ist dies nicht relevant, da es hier keine Ausschüttungen gibt.

Von wenigen Ausnahmen abgesehen, auf die hier aus Platzgründen nicht näher eingegangen werden kann, sollten Anleger daher besser in einen ETF[11] als in einen Indextracker investieren, was zudem den Vorteil hat, dass risikolos – bezogen auf das Bonitätsrisiko – in Hunderte von Indizes investiert werden kann.

5.6 Bonus-Zertifikate - es geht auch ohne Cap

Der Nachteil von Protect-Discount-Zertifikaten ist die gedeckelte Rückzahlung. Daher kam schon sehr früh die Idee auf, einen Tracker (genauer: einen European Long Call mit Basispreis von null) um einen DOP zu ergänzen. Voilà – das Bonus-Zertifikat war geboren. Der Vorteil dieser Struktur ist, dass sie am Laufzeitende eine Rückzahlung mindestens zum Bonuslevel (auch als Bonusbetrag bezeichnet) bietet, solange eine Barriere nicht berührt wurde. Damit lassen sich in einer Seitwärtsphase attraktive Renditen erzielen. Sollte der Underlying-Preis steigen, partizipieren Sie (fast) eins zu eins von den anziehenden Notierungen. Die Einschränkung „fast" beruht darauf, dass es einige Effekte gibt, die eine hundertprozentige Partizipation verhindern. Insbesondere ist hier ein möglicher Abbau von Aufgeldern zu erwähnen.

Diesen Chancen auf Kurssteigerungen im Bonus-Zertifikat bei kleineren Kursrückgängen oder anziehender Notierung des Basiswerts stehen natürlich die Risiken von Produkten mit einem DOP gegenüber:

Berührt der zugrunde liegende Basiswert eine bestimmte Kursschwelle, verfällt der Anspruch auf den Bonusbetrag und das Zertifikat verhält sich von nun an analog zum Basiswert.

Wie bei den Protect-Discount-Zertifikaten gibt es auch bei Bonus-Zertifikaten Produkte mit durchlaufenden oder mit zeitlich begrenzten Barrieren. Je nach Sicherheitsbedürfnis haben Investoren die Wahl zwischen einer wenige Wochen oder sogar nur am letzten Bewertungstag gültigen Barriere.

Da sich Bonus- und Protect-Discount-Zertifikate sehr ähneln, ist auch die Kennzahlenberechnung fast gleich. Der einzige Unterschied: Bei Bonussen kann der maximale Wertzuwachs – aus mathematischen Gründen – auch negativ sein, wenn das zugrunde liegende Wertpapier über dem Bonuslevel notiert.

Achten Sie auch hier unbedingt darauf, dass das Aufgeld nicht zu hoch ist. Ein jährliches Aufgeld von bis zu zehn Prozent erscheint mir noch annehmbar.

Vorsicht ist dagegen bei Produkten angebracht, deren Bonuslevel sehr weit entfernt ist. Ein Beispiel: Ein Bonus-Zertifikat auf den DAX hat eine Barriere bei 12.500 Punkten und ein Bonuslevel von 40.000 Zählern. Aktuell errechnet sich für dieses Produkt ein Barriereabstand von rund 21 Prozent sowie eine jährliche Bonusrendite von circa elf Prozent. Fällt der deutsche Leitindex unter 12.500 Punkte, bricht das Produkt von 335,06 Euro auf 125 Euro ein – das sind fast 63 Prozent! Eine vernünftige Alternative wäre – wenn Sie den gleichen Barriereabstand wünschen – ein Bonus-Zertifikat mit einem Bonuslevel von 18.800 Zählern. Damit verdienen Sie zwar „nur“ 7,6 Prozent pro Jahr, im Fall einer Barriereverletzung fällt es aber auch nur von 166,21 Euro auf 125,00 Euro oder rund 25 Prozent.

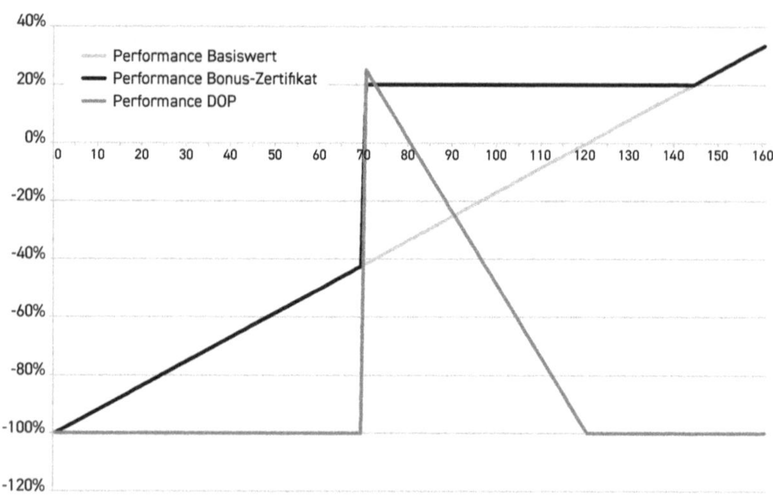

Grafik 29: Performance eines Bonus-Zertifikats

Die Auswirkungen von unterschiedlichen Ausstattungsmerkmalen von Bonus-Zertifikaten deuten schon an, dass Barriere und Bonuslevel die möglichen Gewinne bestimmen. Außerdem lässt sich an diesem Schaubild erkennen, wie Sie Bonus-Zertifikate einsetzen können.

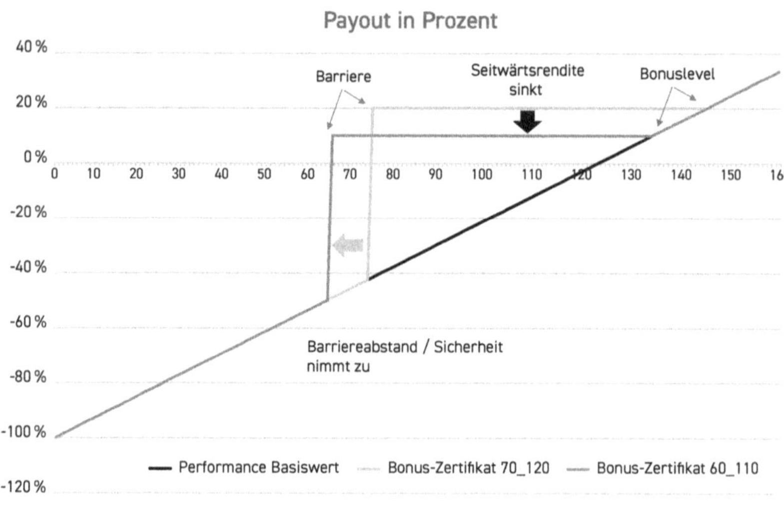

Grafik 30: Einfluss der Ausstattungsmerkmale und mögliche Strategien

5.6.1 Strategie I – Erzielung einer attraktiven Seitwärtsrendite

Investoren können mit Bonus-Zertifikaten attraktive Renditen erzielen, wenn sie davon ausgehen, dass der Kurs des zugrunde liegenden Basiswerts während der Laufzeit bestenfalls moderat fällt oder sogar steigt. Solange der Kurs des Basiswerts niemals die Barriere berührt oder unterschreitet, erhalten sie unabhängig von der tatsächlichen Kursentwicklung des Underlyings mindestens den festen Bonusbetrag. Damit spielen Bonus-Zertifikate ihre Stärke, die Teilschutzfunktion mit bekannter Rendite, gerade in seitwärts tendierenden Märkten aus, lassen Anleger aber auch in wesentlich stärker steigenden Märkten vollständig partizipieren.

In diesem Fall sollten Sie dennoch darauf achten, dass das Zertifikat einen ausreichenden Barriereabstand von 30 Prozent oder mehr hat, da die Rendite nur dann erzielt wird, wenn es zumindest zur Auszahlung des Bonusbetrags kommt.

Außerdem gilt es auch darauf zu achten, dass das Aufgeld nicht zu hoch ausfällt, da Sie dann deutlich mehr bezahlen, als das zugrunde liegende Basisinstrument kostet.

Die Renditen von Bonus-Zertifikaten sind jedoch geringer als die von Protect-Discount-Zertifikaten, da die Ertragsquelle aus der Vereinnahmung der Prämie des Short Calls fehlt. Sie partizipieren jedoch auch dann, wenn der Basiswert über das Bonuslevel steigt und so zusätzliche Gewinne aus den steigenden Notierungen erzielt werden können – eine Chance, die beim Protect-Discounter nicht besteht, da die Rückzahlung auf einen Höchstbetrag begrenzt ist.

5.6.2 Strategie II – Bonusse als Aktienersatz mit Teilabsicherung

Die größte Angst vieler Anleger ist, dass es zu einem Verlust kommen könnte. Daher verzichten viele Investoren auf die Chance, mit Aktien höhere Gewinne als am Geld- oder Anleihemarkt erzielen zu können.

Mit Bonus-Zertifikaten lassen sich die Risiken reduzieren. Hierzu reicht es schon aus, wenn Sie Bonusse kaufen, deren Bonusbetrag in etwa dem aktuellen Wertpapierkurs entspricht. Die Teilabsicherung durch den DOP sorgt dafür, dass – je nach Barriereabstand – ein Schutz vor rückläufigen Notierungen besteht. Bei dieser Strategie sollten Sie jedoch ebenfalls darauf achten, dass der Barriereabstand rund 20 Prozent oder mehr beträgt.

Wählen Sie eine möglichst lange Laufzeit, um langfristig von einem Kursanstieg der Aktie oder des Index zu profitieren.

5.6.3 Einflussfaktoren auf den Preis – Barriereabstand und Bonuslevel

Barriereabstand und Bonuslevel beeinflussen den Preis eines Bonus-Zertifikats. In der nachfolgenden Tabelle sind drei Produkte auf den DAX mit identischem Bonuslevel, aber unterschiedlichen Barrieren aufgelistet. Alle drei besitzen die gleiche Laufzeit und sind vom selben Emittenten. Hierdurch wird gewährleistet, dass sich die Zertifikate problemlos vergleichen lassen. Bei verschiedenen Emittenten wäre dieser Vergleich nicht so einfach, da unterschiedliche Annahmen (Volatilität, Smile) und CDS (also von der Bonität des Emittenten abhängige Zinsen) den Kurs beeinflussen könnten.

Barriere	10.800,00	10.000,00	9.200,00
Bonuslevel	18.800,00	18.800,00	18.800,00
Preis	170,04	171,63	173,09

Tabelle 14: Bonus-Zertifikate mit unterschiedlichen Barrieren

Sie sehen: Je niedriger die Barriere ist, umso höher ist der Preis. Der Grund ist ganz einfach: Mit steigendem Barriereabstand nimmt die Sicherheit der Bonuszahlung zu. Dies erkennen Sie auch, wenn Sie sich das

Delta von vergleichbaren Optionsscheinen ansehen. Ein Call mit einem Basispreis von 10.800 Punkten besitzt ein Delta von 78 Prozent, ein Kauf-Optionsschein mit Strike 9.200 Zähler dagegen von circa 85 Prozent. Da das Delta die Gewinnwahrscheinlichkeit anzeigt, ist verständlich, dass die Differenz zu 100 Prozent die Verlustwahrscheinlichkeit sein muss. Diese sinkt mit fallender Barriere von 22 Prozent auf 15 Prozent.

Barriere	12.000,00	12.000,00	12.000,00
Bonuslevel	192,00	208,00	224,00
Preis	169,16	177,62	188,09

Tabelle 15: Bonus-Zertifikate mit unterschiedlichen Bonuslevels

Wie Sie in Tabelle 15 sehen können, steigt mit dem Bonuslevel auch der Preis des Produkts: Sollte es zu keinem Barriereereignis kommen, muss der Emittent einen höheren Betrag zurückzahlen. Dieses Risiko gleicht er über den Produktpreis aus.

Wenn Sie nun den Barriereabstand vergrößern und das Bonuslevel anheben, wird der Produktpreis folglich gleich doppelt in die Höhe gezogen. Daher müssen Sie entscheiden, wie Sie die beiden Preiskomponenten verändern, um das für Sie optimale Chance-Risiko-Verhältnis zu erzielen. Knapp zusammengefasst: Je breiter Sie die Range zwischen Barriere und Bonuslevel wählen, umso teurer wird das Produkt. Inwiefern sich dies dann auf das Chance-Risiko-Verhältnis auswirkt, lässt sich dagegen nicht pauschal sagen. Hier spielen auch Laufzeit und Volatilität eine große Rolle.

5.6.4 Vergleich Bonus- und Protect-Discount-Zertifikat

Für einen Anleger stellt sich an dieser Stelle die Frage, ob ein Protect-Discount-Zertifikat oder vielleicht doch ein Bonus-Zertifikat die bessere Anlageform ist.

Betrachten wir einmal zwei in puncto Stammdaten identische Produkte eines Emittenten. Die Barriere bewegt sich zwar weit unter der Unterstützungslinie, aber wie Sie später sehen werden, spielt hier eine neuartige Kennzahl eine gewisse Rolle.

Typ	Bonus-Zertifikat	Protect-Discount-Zertifikat
Preis	57,06	27,16
S_0	56,06	56,06
Ratio	1,00	1,00
Barriere	28,00	28,00
Cap		56,00
Bonuslevel	56,00	
Discount	-1,88 %	8,93 %
WZw.	-1,50 %	70,00 %
SR p. a.	-1,40 %	7,27 %
$WZw._{max}$	-1,94%	9,70 %
$WZw._{max}$ p. a.	-1,48 %	7,27 %
Barriereabstand	50,05 %	50,05 %
OPP		61,79
RLZ	1,32	1,32

Tabelle 16: Bonus- und Protect-Discount-Zertifikate auf Bayer im Vergleich

Es ist nicht schwer zu erkennen, dass auf den ersten Blick das Bonus-Zertifikat schlechter abschneidet. Gemessen am maximalen Wertzuwachs sind dies fast elf Prozent.

Nun gilt es, die folgende Frage zu beantworten: Ab welchem Bayer-Aktienkurs ist die Performance des Bonus-Zertifikats mindestens genauso gut wie die Gewinnentwicklung des Protect-Discount-Zertifikats? Die Antwort ist relativ einfach: Die Bonus-Struktur ist oberhalb des Abrechnungskurses, der mindestens der Wertentwicklung des Protect-Discount-Zertifikats entspricht, besser.

Da die Ratios identisch sind, muss notwendigerweise gelten:

$Cap = S_0 = 56$ Euro

Auf den ersten Blick erscheint das Bonus-Zertifikat besser, da Bayer über 56 Euro notiert. Jedoch muss man auch die unterschiedlichen Wertzuwächse im Auge behalten. Der Höchstbetrag des Protect-Discount-Zertifikats wird bekanntlich immer dann gezahlt, wenn entweder die Barriere nicht verletzt oder der Cap überschritten wird. Mit einer neuen Kennzahl können Sie den Mindestpreis berechnen, den ich als Outperformance-Punkt Bonus-Zertifikat (BZ) vs. Protect-Discount-Zertifikat (PDZ) bezeichnen möchte (kurz OPP BZ PDZ).

Die allgemeine Formel lautet:

$$Cap * Ratio_{PDZ} / Preis_{PDZ} = S_{End} * Ratio_{BZ} / Preis_{BZ}$$

Wobei gilt:

Cap = Höchstbetrag des Protect-Discount-Zertifikats

$Ratio_{PDZ}$ = Bezugsverhältnis des Protect-Discount-Zertifikats

$Ratio_{BZ}$ = Bezugsverhältnis des Bonus-Zertifikats

$Preis_{PDZ}$ beziehungsweise $Preis_{BZ}$ = Preis des Protect-Discount- beziehungsweise des Bonus-Zertifikats

S_{End} = notwendiger Abrechnungskurs, der erzielt werden muss, damit das Bonus-Zertifikat besser performt

Die Ratios sind zwar in den meisten Fällen identisch, jedoch kann es vorkommen, dass das beste Vergleichsprodukt vor einer Corporate Action emittiert wurde und daher die unterschiedlichen Bezugsverhältnisse berücksichtigt werden müssen. Nach Auflösung der Formel nach S_{End} ergibt sich Folgendes:

$$OPP_{BZ\ PDZ} = S_{End} = Cap * Ratio_{PDZ} / Ratio_{BZ} * Preis_{BZ} / Preis_{PDZ}$$

Da im obigen Beispiel die Ratios identisch sind, ergibt sich folgender Wert:

$$OPP_{BZ\ PDZ} = S_{End} = 56{,}00\ (Euro) * 57{,}06 / 51{,}00 = 62{,}65\ (Euro)$$

Die eleganteste Art und Weise, um zu bewerten, ob dieses Kursziel überhaupt erreicht werden kann, ist, das Delta eines vergleichbaren Optionsscheins zu betrachten. Diese Kennziffer berücksichtigt bekanntlich alle Einflussfaktoren und darf auch als Eintrittswahrscheinlichkeit für das Überschreiten des Basispreises interpretiert werden. Runden Sie den OPP BZ PDZ auf 62,50 Euro ab, dann ergibt sich für einen Call-Optionsschein mit Laufzeit bis Juni 2024 und einem Strike von 62,50 ein Delta von 38,4 Prozent. Das Chance-Risiko-Verhältnis, dass das Bonus-Zertifikat besser performt, beträgt also 1:2 – meiner Ansicht nach ein ungünstiges Chance-Risiko-Profil.

5.6.5 Das richtige Bonus-Zertifikat finden

Um das für Sie richtige Bonus-Zertifikat zu finden, gehen Sie ähnlich wie bei einem Protect-Discount-Zertifikat vor (als Beispiel dient wieder Bayer):

1) Zeichnen Sie in einem Chart Widerstands- und Unterstützungslinien ein. Hier verwenden Sie am einfachsten auch wieder tradingdesk .finanzen.net.
2) Widerstandslinien sind gute Anhaltspunkte für das Bonuslevel.
3) Unterstützungslinien sind erste Anhaltspunkte für die Barriere. Pro Jahr Restlaufzeit sollten Sie einen Abschlag von grob 20 Prozent unterhalb des aktuellen Underlying-Preises einkalkulieren.
4) Die Laufzeit bestimmen Sie, indem Sie analysieren, wie lange das Wertpapier im Schnitt benötigt hat, um von der Widerstandslinie

Grafik 31: Langfrist-Chart der Bayer-Aktie mit Unterstützungs- und Widerstandslinien

zur Unterstützungslinie zu gelangen und umgekehrt. In diesem Beispiel waren es jeweils rund zwei bis drei Monate. Ausgehend von Anfang Mai würde eine Fälligkeit im Juni folglich ausreichen.

5) Zu diesem Zeithorizont wird bei Bedarf noch ein Zeitpuffer hinzuaddiert.

6) Bei der Suche nach einer geeigneten Barriere müssen Sie bei Bayer sehr weit in die Vergangenheit zurückgehen. Mögliche Barrieren sollten Sie entweder mit 40,00 Euro (Barriereabstand 28,5 Prozent) oder 35 Euro (Barriereabstand 37,5 Prozent) auswählen.

7) Zuletzt müssen Sie noch das beste Bonus-Discount-Zertifikat finden. Auf der Internetseite von Onvista (www.onvista.de) können Sie dies am einfachsten bewerkstelligen, wenn Sie über „Derivate" und „Derivate-Finder" den Basiswert (Bayer) im Suchfeld eingeben. Anschließend wählen Sie die Kategorie (Bonus-Zertifikate) aus. Jetzt tragen Sie nur noch die gewünschten Stammdaten in den verschiedenen Feldern ein.

   a) Bei „Barriere" wählen Sie zwischen 35,00 und 40,00 Euro aus.

b) Für den Bonus geben Sie einen Wert zwischen 55,00 Euro und 64,00 Euro an.
c) Weiter geht es mit der Restlaufzeit: Wenn Sie eine Fälligkeit im Dezember 2024 wünschen, geben Sie 01.12.2024 und 31.12.2024 ein.

8) Nun können Sie bis zu zehn verschiedene Kombinationen aus Barriere und Bonuslevel auswählen. Gefällt Ihnen ein Zertifikat nicht, weil ein identisches Produkt eine höhere Rendite hat, entfernen Sie es aus der Merkliste. Am Ende hatte ich von den 37 Zertifikaten in der Vorauswahl nur noch zwei Protect-Discounter übrig. Nun entscheidet Ihr persönliches Chance-Risiko-Profil, welches Produkt Sie heraussuchen.
9) Um den Auftrag aufzugeben, müssen Sie jetzt nur noch die WKN oder die ISIN in die Auftragsmaske Ihres Discount-Brokers eingeben. Wie oben bereits erwähnt, können Sie noch ein Kauflimit und ein Gültigkeitsdatum angeben. Schicken Sie den Auftrag ab und wenn das Limit zum Preis des Emittenten passt, werden Sie in Sekundenschnelle die Ausführung sehen.

5.6.6 Szenarien bei Endfälligkeit

Bei einem Bonus-Zertifikat sind aufgrund des DOP drei Szenarien am Laufzeitende denkbar:

Fall 1: Das Basisinstrument notiert über dem Bonuslevel: Das Bonus-Zertifikat wird zum Underlying-Preis mal das Ratio zurückgezahlt.

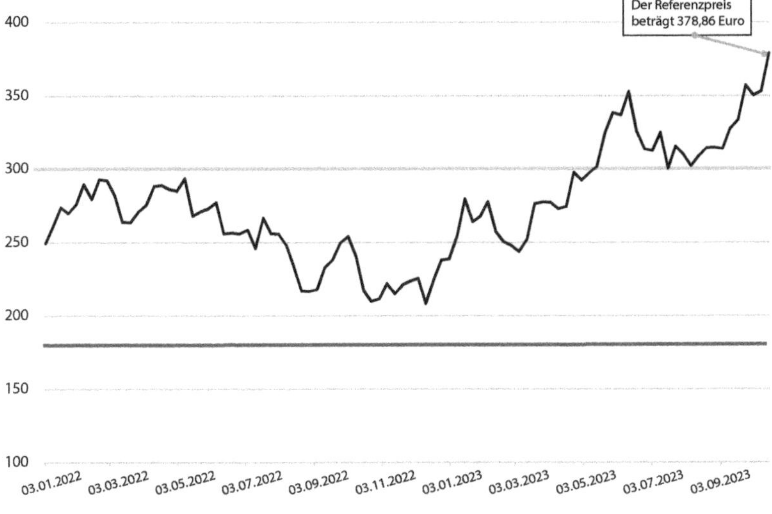

Grafik 32: Das Bonus-Zertifikat schließt über dem Bonuslevel. (Quelle: Société Générale)

Fall 2: Der Basiswert notiert unter dem Bonuslevel, aber die Barriere wurde nicht verletzt: Der Investor erhält den Bonusbetrag und damit den maximalen Wertzuwachs.

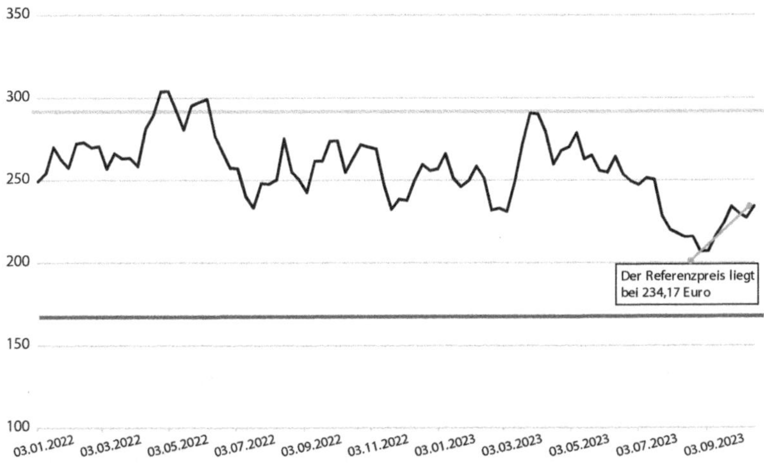

Grafik 33: Das Bonus-Zertifikat schließt unter dem Bonuslevel, die Barriere wurde aber nicht verletzt. (Quelle: Société Générale)

Fall 3: Der Basiswert notiert unter dem Bonuslevel und die Barriere wurde verletzt: Das Bonus-Zertifikat wird ebenfalls zum Underlying-Preis mit dem Bezugsverhältnis zurückgezahlt.

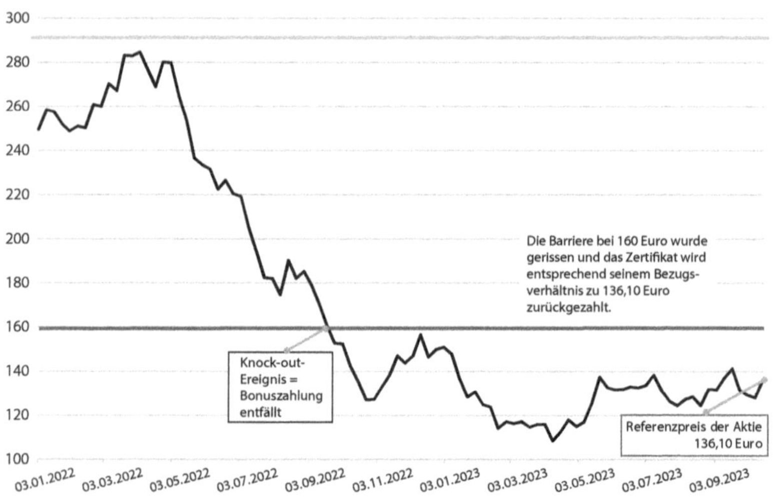

Grafik 34: Die Barriere des Bonus-Zertifikats wurde verletzt. (Quelle: Société Générale)

5.7 Reverse-Bonus- und Discount-Zertifikate – alles auf den Kopf gestellt

Was nach oben funktioniert, sollte auch Chancen bei fallenden Kursen eröffnen, dachten sich die „Spielkinder" der Strukis, wie man die Entwickler neuer Zertifikate-Strukturen gern auch liebevoll nennt.

Betrachten wir zunächst noch einmal die Struktur der Bonus- und Protect-Discount-Zertifikate. Diese setzen sich aus einem European Long Call mit einem Basispreis von null sowie einem DOP zusammen, der eine Barriere und einen Basispreis besitzt und die Zahlung eines Bonusbetrages sichert, solange die Barriere unverletzt bleibt. Bei einem

Protect-Discount-Zertifikat wird die Rückzahlung zu einem Höchstbetrag durch einen European Short Call erreicht.

Bezüglich der verschiedenen Strikes gilt:

$K_{\text{Long Call}} < \text{Barriere}_{\text{DOP}} < K_{\text{DOP}} = K_{\text{Short Call}}$ (bei einem Protect-Discount-Zertifikat)

Bei Reverse-Strukturen entspricht das Auszahlungsprofil einer vertikalen Spiegelung der Long-Varianten. Hier gleich auch der Hinweis, dass trotz der Namensähnlichkeit Reverse Convertibles zu den Long-Strukturen zählen. Bei diesen Anleihen besteht das „Reverse" in dem Andienungsrecht der Convertibles im Gegensatz zu den Standard-Convertibles.

Um bei Short-Strukturen von fallenden Kursen zu profitieren, wird zunächst ein European Long Put benötigt. Dieser wird um eine pfadabhängige Option ergänzt, die die Zahlung eines Bonusbetrags garantiert.

Bei der pfadabhängigen Option handelt es sich um einen sogenannten Up-and-Out-Call (UOC). Bei diesem Optionstyp verfällt das Optionsrecht, sobald eine Barriere oberhalb des Basispreises verletzt wird. Zwischen Basispreis und Barriere verhält sich der UOC wie eine klassische Call-Option. Die Option verfällt hingegen wertlos, wenn ein Schwellenereignis eintritt. Der Basispreis des Long Puts wird in dieser Struktur benötigt, um das Auszahlungsprofil zu spiegeln. Dies führt im ungünstigsten Fall allerdings auch zu einem Totalverlust, wenn der Basispreis des Long Puts überschritten wird, weil die Märkte lange Zeit haussieren. Auf der anderen Seite ist der maximale Betrag begrenzt und wird bei einem Kurs von null im Underlying erreicht. Insgesamt ist das Chance-Risiko-Verhältnis bei einem solchen Reverse-Produkt schlechter als bei einem klassischen Long-Produkt.

Allerdings gibt es ein probates Mittel, um diesen Nachteil abzumildern. Mit einer Kombination aus Long- und Short-Bonus-Strukturen lassen sich noch attraktive Renditen erzielen. Hierauf kommen wir später zurück.

$K_{\text{Short Put}}$ (beim Reverse-Protect-Discount-Zertifikat) $= K_{\text{UOC}} < \text{Barriere}_{\text{UOC}} < K_{\text{Long Put}}$

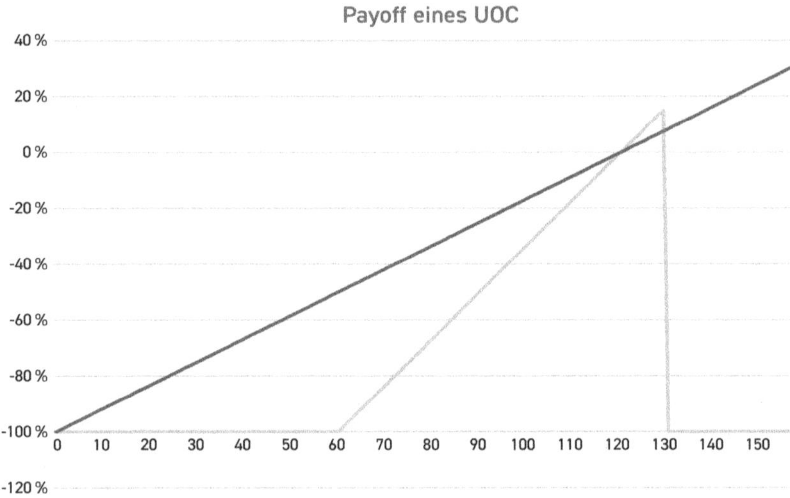

Grafik 35: Preis eines Up-and-Out-Calls mit einer Barriere bei 130 und einem Basispreis von 60[12]

Wie Sie der Grafik entnehmen können, steigt ein UOC zunächst ab dem Basispreis bis zur Barriere, um dann wertlos zu verfallen, wenn die Barriere verletzt wurde.

Bezüglich der Reaktion auf Änderungen der impliziten Volatilität muss – wie beim DOP – differenziert werden, wo sich der Kurs des Underlyings relativ zur Barriere bewegt: Ist die Barriere weit genug entfernt, führt ein Anstieg der impliziten Volatilität tendenziell zu höheren Preisen, weil das Knock-out-Risiko nur unterproportional steigt. Nähert sich die implizite Volatilität des UOC jedoch seiner Barriere, dann nimmt das Risiko eines Knock-outs zu und der Preis fällt. Insofern ist die Reaktion zwar mit der eines DOPs vergleichbar, steigende Volatilitäten gehen aber mehrheitlich mit fallenden Kursen einher. Folglich nimmt das Risiko bei einem DOP zu, bei einem UOC kann es jedoch durch die Kursbewegung des Basiswertes kompensiert werden.

Wenig überraschend dürfte es auch sein, dass solche pfadabhängigen Optionen in der Nähe der Barriere sehr sensitiv reagieren und jeder

„Cent“ sofort starke Kursbewegungen in die eine oder andere Richtung auslöst.

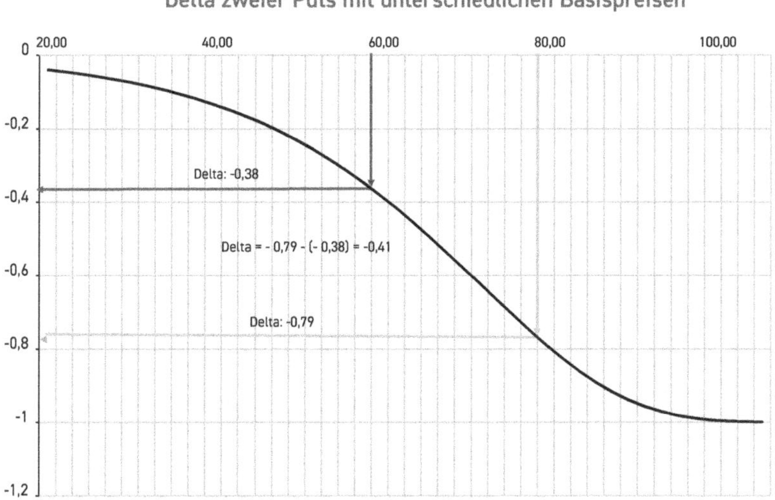

Grafik 36: Das Delta des Long Puts (hellgraue Linie) und des Short Puts (dunkelgraue Linie)

In der obigen Grafik sind die Deltas der entsprechenden Shorts eingezeichnet. Bei einem Reverse-Bonus-Zertifikat gibt es nur den Long Put. Daher reagieren diese Strukturen sehr stark auf fallende Preisnotierungen des Basisinstruments. Bei einem Reverse-Protect-Discount-Zertifikat wird dagegen die Kursreaktion durch den Short Put abgefedert. Ursächlich hierfür ist, dass sich das Vorzeichen von Minus auf Plus verändert, da die Option verkauft wird. Im obigen Beispiel würde sich das Reverse-Bonus-Zertifikat mit einem Delta von circa -0,80 um 0,8 Einheiten nach unten bewegen, wenn das Underlying um eine Einheit fällt. Bei einem Reverse-Protect-Discount-Zertifikat wären es aber nur etwa -0,30 (-0,80 + 0,50).

5.7.1 Kennzahlen

Da bei den Reverse-Produkten einiges auf den Kopf gestellt wird, müssen bestimmte Kennzahlen auch entgegengesetzt berechnet werden.

Barriereabstand = (Barriere - S_0) / S_0
Discount = Kurs $_{Reverse\text{-}Produkt}$ / (P $_{Long\ Put}$ - S_0)

Wobei gilt:
S_0 = Kassapreis des Basiswerts
Kurs $_{Reverse\text{-}Produkt}$ = Kurs des Reverse-Bonus-Zertifikats beziehungsweise des Reverse-Protect-Discount-Zertifikats
P $_{Long}$ = Kurs des Long Puts

Alle weiteren Kennzahlen werden auf die gleiche Art und Weise wie bei Bonus- und Protect-Discount-Zertifikaten kalkuliert.

Typ	Reverse-Protect-Discount-Zertifikat	Reverse-Bonus-Zertifikat
Preis	27,16	28,69
S_0	15.244,80	15.244,80
Ratio	0,01	0,01
Barriere	16.800,00	16.800,00
Cap		8.000,00
Bonuslevel	7.200,00	
Long Put	17.400,00	17.200,00
Discount	-3,68 %	-5,99 %
WZw.	246,10 %	248,55 %
SR p. a.	97,60 %	98,36 %
WZw. $_{max}$	246,10 %	248,55 %
WZw. $_{max}$ p. a.	97,60 %	98,36 %
Barriereabstand	10,20 %	10,20 %
OPP		52.761,83
RLZ	1,82	1,82

Tabelle 17: Reverse-Strukturen auf den DAX im Vergleich

Die weiteren Berechnungen werden erleichtert, wenn der sogenannte innere Wert bestimmt wird. Bei dem Reverse-Protect-Discount-Zertifikat ist dies der Cap, wenn die Barriere nicht verletzt wurde oder das Underlying unter dem Bonuslevel liegt.

Der innere Wert des Reverse-Bonus-Zertifikats wird als Differenz zwischen dem Long Put und dem Schlusskurs am Bewertungstag mit dem Bezugsverhältnis errechnet. Somit ist der innere Wert:

$$IW_{RBZ} = (P_{Long} - S_{end})$$

Dieser innere Wert muss dem Cap entsprechen. Die Bedingung für die Outperformance des Reverse-Bonus-Zertifikats lautet folglich:

$$OPP_{RBZ\ RPDZ} = Cap = IW_{RBZ} = * (P_{Long\ RBZ} - S_{end}) * Ratio_{RBZ}$$

Wobei gilt:

$P_{Long\ RBZ}$: Basispreis des Long Puts eines Bonus-Zertifikats

Nach Umformung ergibt sich die Formel:

$$OPP_{RBZ\ RPDZ} = S_{end} = (P_{Long\ RBZ} - Cap) * Ratio_{RPDZ} / Ratio_{RBZ}$$

und somit folgender Wert:

$$= (17.400 - 8.000) * 0{,}01 / 0{,}01 = 9.400$$

Die Eintrittswahrscheinlichkeit für eine Outperformance lässt sich nun wieder über einen entsprechenden Put mit einem Basispreis von 9.400 Punkten und einer Laufzeit bis Dezember 2024 berechnen. Das Delta beträgt hier gerade einmal 7,6 Prozent. Anders ausgedrückt: Eine bessere Wertentwicklung des Reverse-Bonus-Zertifikats ist quasi unmöglich.

Da die Reverse-Bonus-Strukturen quasi nur Spiegelbilder der (Long-)Bonus-Produkte sind, können auch die gleichen Strategien umgesetzt werden – aber eben nur spiegelbildlich. Anstatt auf anziehende setzen Sie auf sinkende Preise.

5.7.2 Auszahlungsprofil

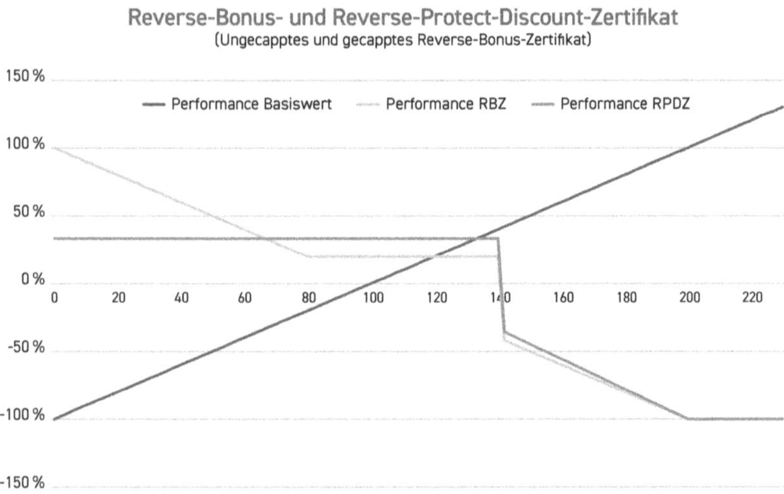

Grafik 37: Auszahlungsprofil eines ungecappten und eines gecappten Reverse-Bonus-Zertifikats

Das Schaubild erinnert sehr stark – und hier wiederhole ich mich einmal mehr – an ein gespiegeltes Bonus-Zertifikat. Beide Typen können zu einem Totalverlust führen, wenn bei einem Bonus-Zertifikat das Bezugsobjekt wertlos verfällt. Bei der Reverse-Struktur genügt ein mehr oder weniger starker Kursanstieg, damit das Zertifikat als „Erinnerungsposten" mit den steuerlich vorgesehenen 0,1 Cent „zurückgezahlt" wird. Ungecappte Bonustypen können bis ins Unendliche steigen, aber Reverse-Zertifikate erreichen ihren maximalen Einlösungsbetrag, wenn das Underlying auf null fällt. Bei gecappten Produkten ist der Maximalbetrag in beiden Fällen auf den Cap beschränkt.

Bei der Auswahl des geeigneten Reverse-Protect-Zertifikats gehen Sie wie folgt vor:

Geben Sie auf der Internetseite von Onvista (www.onvista.de) über „Derivate“ und „Derivate-Finder“ den Basiswert (Bayer) im Suchfeld ein. Anschließend wählen Sie die Kategorie (Bonus-Zertifikate) aus. Zunächst erscheinen alle Bonus-Strukturen auf Bayer. Da Sie fallende Aktienpreise erwarten, wählen Sie „Reverse“. Jetzt tragen Sie nur noch die gewünschten Stammdaten in die verschiedenen Felder ein. Vorab: Seien Sie bei den Werten ruhig großzügiger, da die Auswahl an Reverse-Zertifikaten deutlich geringer als beim Long-Bonus-Typ ist.

a) Bei „Barriere“ wählen Sie einen Wert aus, der Ihrer Strategie am besten entspricht, also zum Beispiel 60,00 bis 70,00 Euro (horizontale Widerstände).
b) Bei „Bonus“ geben Sie Werte ein, die hier die Unterstützungslinie und somit das potenzielle Kursziel wiedergeben. In diesem Fall nehmen Sie Beträge zwischen 35,00 Euro (Tief September 2011 und Juli 2007) und 48,00 Euro (die „bekannte“ Unterstützung). An dieser Stelle müssen Sie allerdings auch schon durch Erweiterung oder Eingrenzung des Bonus die Anzahl einschränken.
c) Weiter geht es mit der Restlaufzeit: Wenn Sie eine Fälligkeit im März 2024 wünschen, wählen Sie 01.03.2024 und 31.03.2024 aus.
d) Wenn Sie ein Reverse-Protect-Discount-Zertifikat suchen, wählen Sie bei „Merkmale“ „Capped“ aus. Wollen Sie keine Deckelung, müssen Sie bei „Classic“ einen Haken setzen.

Am Ende haben Sie so anstatt 267 nur noch sechs Reverse-Bonus-Zertifikate beziehungsweise neun Reverse-Protect-Discount-Produkte in der Vorauswahl. Leider ist auf Onvista keine Eingrenzung des „Reverse-Levels“ (= Basispreis des Long Puts) möglich. Bei einem Basiswert wie dem DAX könnten Sie dadurch die Auswahl nochmals auf Ihre Renditeerwartung hin einschränken. Doch so bleibt Ihnen nichts anderes übrig, als nach dem Reverse-Level zu sortieren (auf- oder absteigend) und auf diesem Weg das für Sie geeignete Produkt zu bestimmen.

Um den Auftrag aufzugeben, müssen Sie nur noch die WKN oder ISIN auswählen und in die Auftragsmaske Ihres Discount-Brokers eingeben. Wie oben bereits erwähnt, können Sie noch ein Kauflimit und ein Gültigkeitsdatum angeben. Senden Sie den Auftrag ab, und wenn das Limit zum Preis des Emittenten passt, werden Sie in Sekundenschnelle die Ausführung sehen.

5.7.3 Strategie I – Erzielung einer attraktiven Seitwärtsrendite

Wenn Sie davon ausgehen, dass der Basiswert maximal moderat steigt oder gar tendenziell fällt, wählen Sie zunächst einen Bonus (weit) unterhalb und eine Barriere deutlich über dem Preis des Underlyings. Den Barriereabstand wählen Sie nach Ihrem persönlichen Sicherheitsempfinden. Der Abstand ist die erste Möglichkeit, Einfluss auf den Wertzuwachs zu nehmen: Je näher das Barrierelevel liegt, umso höher ist die Gefahr eines Barriereereignisses und somit umso höher die mögliche Rendite. Mit dem Basispreis des Long Puts haben Sie eine weitere Stellschraube, um die Seitwärtsrendite zu beeinflussen: Während bei den ersten Emissionen der Strike etwa dem doppelten Aktien- oder Indexstand entsprach, so sind heutzutage auch Produkte auf dem Markt, deren Basispreis bei Emission nur wenige Prozent über dem Underlying-Preis liegt.

5.7.4 Strategie II – Absicherung

Bei dieser Absicherungsstrategie wollen Sie sich vor fallenden Underlying-Preisen schützen. Bei den Long-Bonus-Varianten wählen Sie einen Bonuslevel um den aktuellen Kurs aus, und auch bei den Reverse-Bonus-Zertifikaten geben Sie unter „Bonuslevel" einen Wert um den aktuellen Kurs herum ein. Vorsicht: Auf der Onvista-Seite wird dies automatisch als „Bonus" umgerechnet – lassen Sie sich hierdurch nicht verwirren! Ein Beispiel: Das Bonuslevel wählen Sie mit 45,00 bis 55,00 Euro aus. Nun erscheinen aber auch Produkte mit einem Bonus von weniger als 45,00 Euro, da das wahre Absicherungsniveau, ab dem eine Performance nach unten greift, in „Cap" steht!

Suchen Sie sich also genau das Produkt aus, das Ihren Kurserwartungen entspricht. Wenn Sie der Meinung sind, dass sich Bayer halbiert, kaufen Sie ein Produkt mit einem „Cap" um 25,00 Euro.

5.7.5 Einflussfaktoren auf den Preis - Basispreis Long Put, Barriereabstand und Bonuslevel

Bei den Bonus- und Protect-Discount-Zertifikaten hängen die erzielbaren Renditen unter anderem von der Bandbreite des DOPs zwischen Basispreis und Barriere ab, da der Strike des Long Calls null beträgt.

Bei den Reverse-Strukturen gibt es jedoch mit dem Strike des Long Puts eine weitere Stellschraube: Je tiefer der Basispreis gewählt wird, desto günstiger ist der Put und umso billiger ist unter ansonsten gleichen Bedingungen das Reverse-Produkt. In der Regel beträgt der Strike des Long Shorts das Doppelte des Underlying-Kurses bei der Emission des Produkts. Mittlerweile existieren aber immer mehr Reverse-Produkte, bei denen der Strike näher an den aktuellen Kurs gezogen wird. Hierdurch wird jedoch auch ein Vergleich verschiedener Produkte erschwert.

5.7.6 Szenarien bei Endfälligkeit

5.7.6.1 Szenarien bei Endfälligkeit eines Reverse-Protect-Discount-Zertifikats

Bei einem Reverse-Protect-Discount-Zertifikat sind aufgrund des UOC folgende drei Szenarien am Laufzeitende denkbar:

a) Das Basisinstrument notiert unter dem Bonuslevel: Das Reverse-Protect-Discount-Zertifikat wird zum Maximalbetrag zurückgezahlt.
b) Der Basiswert notiert über dem Bonuslevel, aber die Barriere wurde nicht verletzt: Auch hier können Sie den maximalen Wertzuwachs erzielen.
c) Der Basiswert hat die Barriere verletzt: Das Reverse-Protect-Discount-Zertifikat wird zum inneren Wert (Basispreis Long Put – Underlying-Preis) mal das Bezugsverhältnis zurückgezahlt, maximal erhalten Sie aber den Höchstbetrag (Cap).

5.7.6.2 Szenarien bei Endfälligkeit eines Reverse-Bonus-Zertifikats

Bei einem Reverse-Bonus-Zertifikat sind folgende drei Szenarien am Laufzeitende denkbar:

a) Das Basisinstrument notiert unter dem Bonuslevel: Das Reverse-Bonus-Zertifikat wird zum inneren Wert (Basispreis Long Put – Underlying-Preis) mal das Ratio zurückgezahlt. Nur am Rande: Das Maximum würde nur erreicht, wenn der Basiswert auf null fiele.
b) Der Basiswert notiert über dem Bonuslevel, aber die Barriere wurde nicht verletzt: Der Investor erhält den Bonusbetrag ausgezahlt.
c) Der Basiswert hat die Barriere verletzt: Das Reverse-Bonus-Zertifikat wird gleichfalls zum inneren Wert (Basispreis Long Put – Underlying-Preis) mal das Bezugsverhältnis zurückgezahlt.

5.7.7 Vergleich: Reverse-Bonus- oder Protect-Discount-Zertifikat

Gehen wir von dem Szenario aus, dass ein Investor auf fallende Notierungen im DAX setzen will. Einen Widerstand zu finden ist schwierig, da der DAX die ganze Zeit nur den Weg nach oben kannte. Da der Anleger spekulativ eingestellt ist, wählt er einen knappen Barriereabstand und parallel dazu ein (sehr) niedriges Bonuslevel, sodass die Spekulation fast schon dem Charakter einer klassischen Put-Absicherung entspricht.

Typ	Reverse-Protect-Discount-Zertifikat	Reverse-Bonus-Zertifikat
Preis	27,16	28,69
S_0	15.244,80	15.244,80
Ratio	0,01	0,01
Barriere	16.800,00	16.800,00
Cap		8.000,00
Bonuslevel	7.200,00	
Long Put	17.400,00	17.200,00
Discount	-3,68 %	-5,99 %
WZw.	246,10 %	248,55 %
SR p. a.	97,60 %	98,36 %
WZw. max	246,10 %	248,55 %
WZw. max p. a.	97,60 %	98,36 %
Barriereabstand	10,20 %	10,20 %
OPP		52.761,83
RLZ	1,82	1,82

Tabelle 18: Reverse-Protect-Discount-Zertifikat und Reverse-Bonus-Zertifikat

Um seine Rendite noch zu optimieren, könnte ein Käufer den Basispreis möglichst nahe an der Barriere wählen. Bei den Reverse-Bonus-Zertifikaten liegen die nächsten Strikes bei 17.000 DAX-Punkten und aufwärts. Das für dieses Szenario am besten geeignete Produkt hätte eine Barriere bei 16.800 Punkten. Maximal könnte der Käufer bei einem Kaufkurs von 28,69 Euro für das Reverse-Bonus-Zertifikat dann einen Wertzuwachs von rund 249 Prozent verbuchen.

Mit einem Reverse-Protect-Discount-Zertifikat wären ähnliche Gewinne möglich: Bei einem Bonuslevel (= Cap) von 8.000, einer Barriere bei ebenfalls 16.800 Punkten und einem Basispreis des Long Puts von 17.400 Euro sowie einem Kaufpreis von 27,16 Euro erzielt der Investor einen Gewinn von über 246 Prozent.

Der geringe Performance-Unterschied liegt darin begründet, dass einerseits der Cap/das Bonuslevel schon sehr niedrig gewählt wurden und andererseits der Basispreis des Long Puts beim Reverse-Protect-Discount-Zertifikat höher als der Strike des Reverse-Bonus-Zertifikats gewählt wurde.

5.7.8 Zusammenfassung

Grundsätzlich sind Reverse-Strukturen interessant – wenn Ihnen als Anleger bloß die Suche nicht so erschwert würde. Die schwierige Suche plus das „kopfstehende Denken“ schränkt bei Privatanlegern das Interesse stark ein. Da Reverse-Produkte teilweise auch mehr in Konkurrenz mit Puts gesehen werden können, müssen Sie hier schon gut abwägen, welche Gattung Sie bevorzugen.

Meine Meinung dazu: Wenn Sie eine spekulative Absicherung wollen, dann setzen Sie auf Verkaufsoptionsscheine. Bei weniger spekulativen Erwartungen müssen Sie zwischen der gecappten und ungecappten Struktur abwägen. Hier hängt vieles vom Basiswert und vom Produktangebot ab, sodass keine pauschale Aussage möglich ist.

5.7.9 Die Doppelstrategie: Protect-Discount- und Reverse-Protect-Discount-Zertifikate in Kombination

Es klingt, wie wenn Feuer und Wasser kombiniert werden sollten. Tatsächlich kann es eine Strategie sein, die hohe Sicherheit (Barriereabstand nach oben und unten) und hohen Ertrag (Wertzuwachs bei unverletzten Barrieren) verbindet. Ausgenutzt wird hierbei, dass Sie steigende, fallende oder seitwärts tendierende Marktphasen mit Bonus-Strukturen gewinnbringend nutzen können. Da die Strukturen einen Cap haben, verbilligen sich die Einstiegspreise und Sie können entweder höhere Renditen oder breitere Sicherheitskorridore auswählen. Dennoch sollten Sie für diese Strategie mindestens einen mittleren vierstelligen Betrag zur Verfügung haben.

Am besten beginnen Sie mit dem Protect-Discount-Zertifikat und bedienen sich hierfür wieder des Derivate-Finders auf Onvista.de. Als Underlying soll der DAX dienen.

Der Barriereabstand sollte mindestens 25 Prozent betragen, sodass aktuell die Obergrenze bei 11.900 DAX-Zählern läge. Bei einem Sicherheitspuffer von 30 Prozent liegt die Barriere sodann bei 11.100 und bei 35 Prozent Sicherheitspuffer bei 10.300. Allein durch diese Einschränkung sinkt die Anzahl der Bonus-Zertifikate auf weniger als ein Drittel der ursprünglichen Anzahl und verkleinert sich weiter auf ein Fünftel, wenn Sie nun bei „Merkmale“ „Capped“ auswählen. Mit einer Laufzeiteinschränkung auf rund ein Jahr („Restlaufzeit“) sind es „nur noch“ weniger als 400 Produkte von ursprünglich weit über 31.000 Bonus-Zertifikaten. Wünschen Sie eine längere Laufzeit, müssen Sie leider immer die Eingabe der Restlaufzeit wiederholen, da Onvista zwar die Bonusrendite pro Jahr ausweist, aber der Filter nur über die Bonusrendite funktioniert. Die Folge ist, dass bei längeren Laufzeiten auch für die Strategie uninteressante Zertifikate aufgelistet werden.

Sortieren Sie die Liste dann nach den Barrieren und wählen Sie aus. Mit einem etwas geschulten Blick erkennen Sie auch gleich, dass ab etwa 20.000 Indexpunkten oder rund 25 Prozent über dem aktuellen Stand die Aufgelder zweistellig werden und diese Zertifikate eher gemieden werden sollten.

Am Ende werden also nur noch folgende Strukturen angezeigt:

- Barriere 10.300 bis 11.910 (Sicherheit)
- Bonuslevel zwischen 18.000 bis 20.000 (Ertrag beziehungsweise Aufgeld)
- Restlaufzeit 01.06.2024 bis 01.07.2024 (Fälligkeit Juni 2024)

Am Ende verbleiben 67 Protect-Bonus-Zertifikate, die auf einer Seite problemlos dargestellt werden können. Noch ein Tipp: Da sich die Geld-Brief-Spannen nicht wirklich markant unterscheiden, entfernen Sie den Geldkurs über „Ansicht bearbeiten“ aus der Liste und sehen so auch das Aufgeld, ohne immer wieder die Ansicht hin und her zu schieben.

Im Anschluss betrachten Sie für jede Barriere (im 100-Punkte-Abstand) die Produkte und wählen das für Sie attraktivste aus. Ich persönlich bevorzuge dasjenige Protect-Discount-Zertifikat mit der höchsten Rendite, bei dem das Aufgeld noch unter zehn Prozent liegt. Achten Sie aber allein schon aus Gründen der Vergleichbarkeit und um die Anzahl der zu betrachtenden Zertifikate einzugrenzen auch darauf, dass zu einem bestimmten Barrierelevel mehrere Emittenten Produkte anbieten. Bemerken Sie, dass derjenige Emittent, den Sie auf diese Art und Weise ausgeschlossen haben, bei den anderen Zertifikaten immer wieder auftaucht, können Sie den Anbieter auch wieder hinzufügen.

Am Ende bleiben zehn Protect-Discount-Zertifikate übrig. Dies entspricht auch der maximalen Anzahl an vergleichbaren Produkten. Über „Vergleichen“ können Sie sich die Kennzahlen in Spalten anzeigen lassen. Sie entfernen nun zuerst Zertifikate, die bei einer höheren Barriere eine geringere Bonusrendite haben. Dann vergleichen Sie

Barriereabstand und Bonusrendite. In dem Zertifikatevergleich finden sich zwei Produkte nebeneinander mit 28,2 beziehungsweise 29,5 Prozent Barriereabstand und 11,0 und 10,8 Prozent Bonusrendite. In diesem Fall würde ich Ersteres ebenfalls entfernen.

Nun müssen Sie quasi die Straßenseite wechseln und Reverse-Protect-Discount-Zertifikate aussuchen.

Wenn Sie auch hier wieder den Derivate-Finder von Onvista nutzen, wählen Sie den DAX als Basiswert und „Bonus-Zertifikat" aus. Links unter „Filtern" klicken Sie nun „Reverse" an. Durch die Begrenzung auf eine Laufzeit von rund einem Jahr werden aus über 32.000 immerhin weniger als 2.000 Produkte.

Durch die Einschränkung der Barriere auf 25 Prozent bis 35 Prozent beziehungsweise rund 19.800 bis 21.500 und das Merkmal „Capped" bleiben noch immer weit über 300 Zertifikate übrig.

Weiter geht es mit der Bonusrendite, hier müssen Sie leider etwas testen, bis die Produktanzahl in Richtung 60 geht. Dies gelingt mit Renditen zwischen 13 und 17 Prozent. Danach wählen Sie stur das Produkt, das bei jedem Barrierelevel die höchste Bonusrendite hat. Um es nicht ganz so unübersichtlich zu machen, könnten Sie die Barrieren beispielsweise in Schritten von 200 Punkten wählen.

Am Ende meines Selektionsprozesses hatte ich jeweils vier Protect-Discount-Zertifikate und Reverse-Produkte übrig.

Als Nächstes befüllen Sie ein Excel-Sheet mit den Daten der Zertifikate. Für die weitere Berechnung bin ich von einem Gesamtanlagevolumen von rund 5.000 Euro ausgegangen, das etwa hälftig aufgeteilt werden soll. Die Stückzahl ermitteln Sie wieder über die Excel-Funktion GANZZAHL () und multiplizieren sie mit dem Preis je Zertifikat.

Für die verschiedenen Kombinationen berechnen Sie im nächsten Schritt den möglichen maximalen Gewinn. Dieser ergibt sich als Cap-Betrag mal Stückzahl geteilt durch den Anlagebetrag.

Dax	Anlagebetrag				Ratio	Barriere	Cap	Betrag	Reverse	Preis	Barriereabstand	Stückzahl	Anlagebetrag p.Z.
15.882	5.000	PDZ 1	DE000VU2AZU9	21.06.2024	0,01	11.500	19.500	195		174,55	27,59 %	14	2.443,70
		PDZ 2	DE000HG71U47	21.06.2024	0,01	11.200	18.000	180		162,49	29,48 %	15	2.437,35
		PDZ 3	DE000HG71U88	21.06.2024	0,01	10.800	18.000	180		163,29	32,00 %	15	2.449,35
		PDZ 4	DE000VU1GPZ8	21.06.2024	0,01	10.500	19.000	190		172,71	33,89 %	14	2.417,94
		RPDZ 1	DE000DW77W76	21.06.2024	0,01	19.800	7.000	130	20.000	107,70	24,67 %	23	2.477,10
		RPDZ 2	DE000GZ6U2Z1	21.06.2024	0,01	20.000	4.800	190	23.800	158,20	25,93 %	16	2.531,20
		RPDZ 3	DE000DW77X26	21.06.2024	0,01	20.200	5.500	155	21.000	134,75	27,19 %	19	2.560,25
		RPDZ 4	DE000DW77X91	21.06.2024	0,01	20.300	5.500	155	21.000	135,91	27,82 %	18	2.446,38

Tabelle 19: Mögliche Zertifikate für die Kombination aus Protect-Discount-Zertifikat (PDZ) und Reverse-Protect-Discount-Zertifikat (RPDZ)

In Tabelle 20 ist der Gewinn für die Kombination aus dem ersten Protect-Discount-Zertifikat (PDZ 1) mit einem der vier Reverse-Protect-Discount-Zertifikate (RPDZ) aufgelistet. Wie Sie sehen, fällt dieser immer weiter. Gleiches gilt im Übrigen auch bei allen anderen Kombinationen, sodass in der Übersicht nur noch der Mix aus PDZ 1 und RPDZ 1 dargestellt wird.

Kombination	Anlagebetrag	max. Betrag	Gewinn	geringster Barriereabstand
1+1	4.920,80	5.720,00	16,24 %	24,67 %
1+2	4.974,90	5.770,00	15,98 %	25,93 %
1+3	5.003,95	5.675,00	13,41 %	27,19 %
1+4	4.890,08	5.520,00	12,88 %	27,59 %
2+1	4.914,45	5.690,00	15,78 %	24,67 %
2+2	4.968,55	5.740,00	15,53 %	25,93 %
3+1	4.926,45	5.690,00	15,50 %	24,67 %
4+1	4.895,04	5.650,00	15,42 %	24,67 %

Tabelle 20: Gewinnchancen und minimaler Barriereabstand für verschiedene Kombinationen

Durch den gleichzeitigen Verkauf des PDZ1 und des RPDZ1 erzielen Sie einen Gewinn von voraussichtlich gut 16 Prozent, wenn der DAX bis Juni 2024 nicht mehr als knapp 25 Prozent steigt oder mehr als etwa 27 Prozent fällt.

5.8 Garantie-Zertifikate – der Name ist Programm

Der Name verrät schon alles über diese Papiere: Es handelt sich um Inhaberschuldverschreibungen, die am Fälligkeitstag einen vollständigen oder teilweisen Mindestbetrag zusichern. Die Garantie gilt jedoch nur für die Rückzahlung, nicht im Insolvenzfall des Emittenten.

Bei diesen Produkten wird ein Großteil der Anlagesumme in eine sichere Zinsanlage investiert. In der Regel dient hierfür ein Zero-Bond, also eine Anleihe, die keine Zinsen zahlt. Die Differenz zum Rückzahlungsbetrag in Höhe des Nominalwerts kann dann für eine Option ausgegeben werden.

Im gegenwärtigen Zinsumfeld haben aber Garantie-Zertifikate einen entscheidenden Nachteil: Da die Zinsen sehr niedrig sind, kann nur ein kleiner Teil – die Differenz zwischen dem Nominalwert und dem abgezinsten Garantiebetrag – in die Kurspartizipation investiert werden. Noch ungünstiger ist der Fall, wenn nach einem Kurseinbruch an den Finanzmärkten bei Garantie-Zertifikaten – aus Angst vor möglichen weiteren Verlusten – die Volatilitäten anziehen und hierdurch die Optionen noch teurer werden.[13]

Aus diesem Dilemma kommen Emittenten nur heraus, wenn sie die Partizipation an Kurssteigerungen begrenzen (durch sogenannte Spread-Optionsscheine). Spread-Optionsscheine können Sie sich wie Discount-Zertifikate vorstellen, bei denen statt eines Long Calls mit Basispreis null der Long Call mehr oder weniger deutlich unter dem Basispreis des Short Puts liegt. In diesem Fall spricht man auch von einem Call-Spread-Optionsschein oder kurz Call-Spread. Weitere Varianten sind eine Teilabsicherung (statt des Nominalwerts erhält der Käufer nur 90 Prozent hiervon), eine Partizipation an den Gewinnen des Underlyings von weniger als 100 Prozent oder ein Aufgeld (Verkauf des Produkts beispielsweise zu 102 Prozent). Teilweise werden auch asiatische Optionen[14] genutzt, die deutlich günstiger sind als Optionen mit reiner Betrachtung am Fälligkeitstag.

Von Vorteil ist für die Emittenten, wenn sich das Produkt, wie es häufig der Fall ist, auf einen Kursindex bezieht. Die Dividendenerträge können dann zur Finanzierung der Partizipation herangezogen werden.

Die möglichen Renditen der Produkte werden zudem durch den Spread beim Kauf weiter eingegrenzt. Teilweise sind Differenzen zwischen Kauf- und Verkaufskurs von 2,5 Prozent keine Seltenheit. Zu guter Letzt werden häufig nur noch Bid-Kurse (Rücknahmepreise) gestellt, bei denen der Emittent nicht selten den Kurs „hängen" lässt. Das bedeutet, dass der Preis nicht mit dem „korrekten" Wert übereinstimmt. Damit werden unter anderem auch frühzeitige Rückgaben des Garantie-Zertifikats vermieden.

5.8.1 Garantie-Zertifikate mit gecappter Partizipation

Bei diesen Zertifikaten besteht der Optionsteil aus einem Spread-Optionsschein. Ähnlich wie bei einem Discount-Zertifikat ergibt sich hieraus im Vergleich zu einem „nackten" Long Call ein geringerer Preis. Wie bei den Discountern wird dann auch hier die Performance durch den Short Put gedeckelt.

5.8.2 Garantie-Zertifikate mit Teilabsicherung

Besteht die Garantie am Laufzeitende nur für einen Teil des Nominalwerts, kann nicht nur die Differenz zwischen dem Preis eines Zero-Bonds und dem Nominalbetrag investiert werden, sondern auch die Differenz zwischen der Teilgarantie und dem Nominal. Beläuft sich die Teilabsicherung beispielsweise auf 90 Prozent des Nominalwerts, können neben der Zinsdifferenz zusätzlich zehn Prozent hiervon in die Option investiert werden.

Hierbei ist es möglich, entweder in einen klassischen Long Call mit unbegrenzter Partizipation an den Kurssteigerungen des Underlyings oder zur weiteren Optimierung in einen Call-Spread zu investieren.

5.8.3 Garantie-Zertifikate mit Underperformance

Anstatt den „freien" Differenzbetrag im Verhältnis 1:1 in das Garantie-Zertifikat zu investieren, wird eine kleinere Menge der Optionen (zum Beispiel 50 Prozent) gekauft. Dies führt dazu, dass auch im aktuellen Zinsumfeld mit einer niedrigen frei investierbaren Quote eine Partizipation finanziert werden kann. In diesem Fall würde der Anleger also nur zu 50 Prozent an den Kurssteigerungen partizipieren.

5.8.4 Garantie-Zertifikate selbst gebaut

Eine Alternative zum Kauf eines Garantie-Zertifikats von der Stange wäre, sich selbst die Bestandteile zusammenzubauen. Der Nachteil wäre lediglich, dass Sie kein Produkt mit einer WKN hätten, sondern ein verzinsliches Konto sowie eine Position aufbauen würden, mit der Sie am Markt partizipieren könnten. Die Vorteile, die Sie jedoch dadurch erzielen, sind neben einer größeren Auswahl an Anlagemöglichkeiten und somit einer höheren Flexibilität auch bessere Konditionen sowohl auf der Seite der festverzinslichen Geldanlage als auch bei der Aktienanlage.

Für welche der nachfolgenden Strategien Sie sich entscheiden, bleibt Ihnen überlassen. Bei einem Garantie-Zertifikat der Marke Eigenbau ist der erste Schritt aber immer identisch. Nachdem Sie einen Betrag festgesetzt haben, den Sie investieren möchten, überlegen Sie als Nächstes, welcher Betrag am Ende der Anlagedauer mindestens noch zur

Verfügung stehen soll. Die Aufteilung zwischen Geldanlage und Partizipation hängt von der Anlagedauer und den erzielbaren Zinsen ab.

Bundesanleihen	2,96 %	2,54 %	2,34 %	2,20 %	2,18 %
Weltsparen (gute Bonität oder höher)	3,45 %	3,51 %	3,61 %	3,55 %	3,60 %
	Jahre				
Zins	1	2	3	4	5
2,25 %	88,02	86,08	84,19	82,34	80,52
2,50 %	87,80	85,66	83,57	81,54	79,55
3,00 %	87,38	84,83	82,36	79,96	77,63
3,25 %	87,17	84,42	81,77	79,19	76,70
3,50 %	86,96	84,02	81,17	78,43	75,78
3,75 %	86,75	83,61	80,59	77,68	74,87
4,00 %	86,54	83,21	80,01	76,93	73,97

Tabelle 21: Zinsen, Laufzeit und resultierender Anlagebetrag

Die Tabelle zeigt Ihnen, wie viel Geld Sie in eine sichere Anlage zu investieren haben, um bei einer Laufzeit von x Jahren und einem Zinssatz von y Prozent am Laufzeitende ein Mindestguthaben von 90 Euro sicherzustellen. Bei einer dreijährigen Anlagedauer und einem Zins von 3,50 Prozent wären dies knapp 81,17 Euro (dunkelgraues Feld). Sie investieren also 81,17 Euro oder 81,17 Prozent des vorgesehenen Betrags von 100 Euro in die sichere Anlage. Wenn Sie lieber mit Dezimalzahlen rechnen, dann verschieben Sie das Komma einfach um zwei Stellen nach links und gelangen so zu 0,8117. Beide Schreibweisen sind von der Aussage her identisch, es liegt also bei Ihnen, welche Sie bevorzugen. Die Rückrechnung des künftigen Wunschbetrags auf die heutige Anlagesumme kennen Sie vielleicht auch als abgezinsten oder diskontierten Anlagebetrag.

Nach drei Jahren verfügen Sie mindestens wieder über 90 Prozent des insgesamt investierten Kapitals. Wollen Sie am Ende einen anderen

Betrag fix besitzen, müssen Sie lediglich den Wert aus der Tabelle ablesen, durch 90 teilen und wieder mit Ihrem Anlagebetrag multiplizieren. Bei 75 Prozent gewünschtem Mindestvermögen würden Sie unter gleichen Anlagebedingungen (drei Jahre Laufzeit, 3,5 Prozent Zinsen) wie folgt rechnen: 81,17 Prozent durch 90 mal 75 = 67,65 Prozent.

In der Tabelle sind zudem die derzeit aktuellen Zinssätze für Bundesanleihen sowie für Festgelder bei „Weltsparen by raisin" – dem Marktführer für Geldanlagen in Europa – dargestellt. Die markierten Felder unter den Jahren sind eine grobe Orientierung, welcher Anlagebetrag bei einer Geldanlage in Bundesanleihen (hellgrau) oder bei Weltsparen (mittelgrau) investiert werden müsste, um am Laufzeitende 90 Euro zu besitzen. Hierbei wurde ein Mindestanlagevolumen von 1.000 Euro zugrunde gelegt. Sinnvoll sind bei Laufzeiten über drei Jahren aber mindestens 2.000 Euro, bei einer kürzeren Anlagedauer eher 3.000 Euro.

Für die Anlage in den Aktienmarkt können Sie dann die jeweilige Differenz zwischen 100 Prozent und dem errechneten Wert investieren. In unserem Beispiel am Anfang wären dies dann also 100 Prozent minus 81,17 Prozent = 18,83 Prozent.

Zum Abschluss werden jetzt nur noch die Beträge für die Geldanlage und das Aktieninvestment mit der gewünschten Anlagesumme multipliziert. Gehen wir von 2.000 Euro aus, werden also 1.623,40 (81,17 Prozent von 2.000) Euro in Festgeld oder Bundesanleihen investiert, die Differenz von 376,60 Euro fließt in den Aktienmarkt.

5.8.4.1 Garantie-Zertifikat mit ETF

Wenn Sie den Aktienanteil in einen ETF auf den MSCI World Index investieren, streuen Sie Ihr Geld auf derzeit 47 Länder weltweit. Insgesamt besteht das Portfolio aus rund 2.800 Unternehmen – eine Streuung, die Sie normalerweise nie erreichen können. Mit etwa 60 Prozent machen die USA den Schwerpunkt der Länderallokation aus. Danach folgen Japan mit circa 5,4 Prozent und Aktien aus Großbritannien mit 4,1 Prozent. Deutschland ist nur mit 2,4 Prozent vertreten.

In der nachfolgenden Grafik sind die maximalen und minimalen Renditen des MSCI World Index dargestellt. Sie erkennen sofort, dass es aufgrund der großen Differenz zwischen Minimum und Maximum wenig Sinn macht, nur ein Jahr lang zu investieren. Ab circa drei Jahren ist die Differenz deutlich geringer, und ab etwa zehn Jahren können Sie nahezu immer mit einem positiven Ertrag aus der Aktienanlage rechnen.

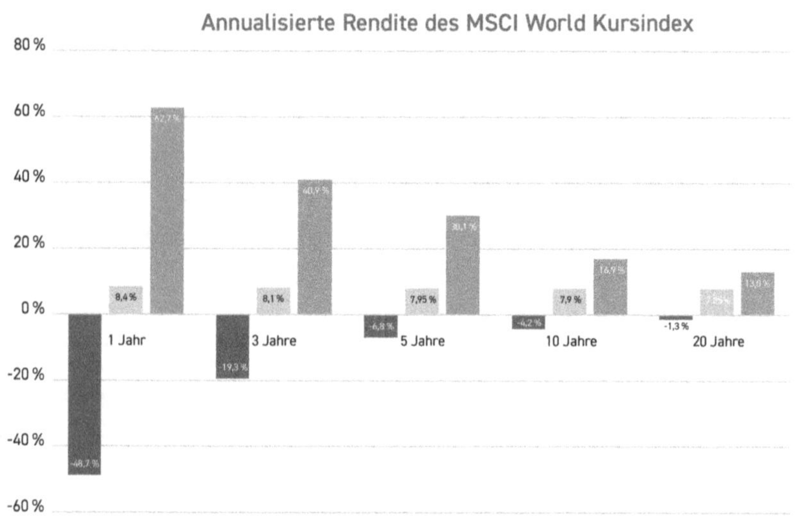

Grafik 38: Maximaler Gewinn und Verlust sowie durchschnittlicher Gewinn des MSCI World

Um in Excel den Zinseszins zu ermitteln, müssen Sie die folgende Formel eingeben:

= (1 + Zinssatz) ^ Laufzeit

Gestatten Sie mir noch einige Anmerkungen zu dieser Formel:

1. Das Zeichen „^" finden Sie links von der Zifferntaste „1" auf der Tastatur (nicht auf der Nummern-Tastatur rechts von den Buchstaben!).
2. Korrekt wäre es, von dem Ergebnis noch 1 abzuziehen, da Sie es aber später wieder dazuaddieren müssen, wäre es nur umständlich.
3. Statt immer in der Zelle die Werte abzuändern, könnten Sie den Zinssatz zum Beispiel in C3 und die Anlagedauer in C4 eingeben. Die Formel würde dann (1 + C3) ^ C4 lauten.
4. Wenn Sie auf diese Formel gehen und jede Zelle markieren, anschließend „F4" drücken, wird aus C4 zunächst C4, anschließend C$4 und danach $C4. Hierdurch erreichen Sie, dass entweder die Zelle, die Zeile oder die Spalte fixiert wird und Sie dadurch eine Tabelle mit unterschiedlichen Laufzeiten und Zinssätzen erzeugen. Mit diesem „Trick" wurde auch die obige Tabelle erzeugt.

Gehen Sie von einem durchschnittlichen Gewinn von acht Prozent pro Jahr aus, geben Sie also folgende Werte in eine Zelle ein:

= (1 + 8%) ^3 = 1,2597

Da Sie ursprünglich 18,83 Prozent in den Index investiert haben, erhöht sich dieser Prozentbetrag auf 23,72 Prozent. Nach drei Jahren haben Sie also die 90 Prozent aus der sicheren Anlage und 23,72 Prozent aus dem Indexinvestment, somit in der Summe also 113,72 Prozent oder 4,38 Prozent pro Jahr.

5.8.4.2 Garantie-Zertifikat mit Optionsscheinen

Aufgrund der Hebelwirkung lassen sich mit Optionsscheinen höhere Gewinne als mit einem Direktinvestment erzielen. Entscheidend für den Gewinn ist an dieser Stelle für Sie, welcher Betrag Ihnen am Laufzeitende gutgeschrieben wird.

Also gilt es hier für Sie erneut zu vergleichen und zu rechnen. Schauen Sie sich aber vielleicht vorher noch einmal das Kapitel 4.3 „Optionslaufzeit“ und hier vor allem das Auszahlungsprofil an, um die nun folgenden Ausführungen besser verstehen zu können.

Da es keine Optionsscheine auf den MSCI World Index gibt, weichen wir auf den Euro Stoxx 50 aus. Dieser beinhaltet die 50 größten Unternehmen im Euroraum, also keine britischen oder Schweizer Aktien. Da die maximale Laufzeit der gegenwärtig verfügbaren Warrants knapp zwei Jahre beträgt, müssen Sie erst einmal in der Tabelle wieder den Anlagebetrag für die sichere Geldanlage suchen. Dieser beträgt 84,02 Prozent. Somit verbleiben 15,98 Prozent für den Kauf von Optionsscheinen. Auf Basis der aktuellen Preise berechnen Sie nun, wie viele Calls Sie kaufen können. Bitte beachten Sie aber auch bei allen drei Warrants das Ratio von 0,01. Dies müssen Sie später beim Anlageerfolg wieder berücksichtigen.

Wertzuwachs p.a.			0%	2%	4%	6%	8%	10%	12%
vor. Indexstand nach 2 Jahren			4.340,00	4.515,34	4.694,14	4.876,42	5.062,18	5.251,40	5.444,10
Innerer Wert am Laufzeitende	akt. Preis	Anzahl OS							
Basispreis 4.000,00 Pkte.	6,40	2,00	340,00	515,34	694,14	876,42	1.062,18	1.251,40	1.444,10
Basispreis 3.800,00 Pkte.	7,74	2,00	540,00	715,34	894,14	1.076,42	1.262,18	1.451,40	1.644,10
Basispreis 3.600,00 Pkte.	9,17	1,00	740,00	915,34	1.094,14	1.276,42	1.462,18	1.651,40	1.844,10

Tabelle 22: Berechnung des Anlageerfolgs mit Optionsscheinen

Bei einem Optionspreis von 7,74 Euro für einen Call mit Basispreis 3.800 Punkte können Sie ziemlich exakt zwei Optionsscheine kaufen.

Den Rest können Sie in Festgeld investieren – das können wir aber auch vernachlässigen. Erwarten Sie acht Prozent pro Jahr Wertzuwachs im Index, so beträgt die Differenz 1.262,18 Punkte (beziehungsweise Euro). Da das Bezugsverhältnis 0,01 ist, wird Ihr Call mit 12,62 Euro pro Stück abgerechnet. Am Laufzeitende haben Sie also 90 Euro aus dem Festgeld plus zweimal 12,62 oder 25,24 Euro aus der Anlage in dem Optionsschein und somit insgesamt 115,24 Euro. Dies entspricht dann wieder 115,24 Prozent der ursprünglichen Gesamtanlage.

Somit verfügen Sie nach zwei Jahren mit der Kombination von Geldanlage und Optionsscheinen bereits über einen höheren Betrag als bei der Investition in Festgeld und ETFs. Aber es gibt noch eine weitere Optimierungsmöglichkeit!

5.8.4.3 Garantie-Zertifikat mit Discount-Call-Optionsscheinen (Bull-Spread)

Discount-Optionsscheine sind die kleinen Geschwister der Discount-Zertifikate. Schauen Sie sich hierzu nochmals Kapitel 4.10 „Duplizierung von Zertifikaten und die europäische Put-Call-Parität“ an.

Ein Discount-Zertifikat besteht aus einem europäischen Long Call mit einem Basispreis von null und einem europäischen Short Call mit dem Basispreis, der dem Cap entspricht.

Bei einem Discount-Call (Bull-Spread) wird nun der Long Call mit Basispreis null durch einen Long Call mit Basispreis x ersetzt. Unterhalb dieses Strikes verfällt der Discount-Call wertlos. Der Maximalbetrag ist auf die Differenz der beiden Basispreise beschränkt.

Bleiben Sie bei dem Basispreis von 3.800 Punkten für den Long Call, so empfiehlt es sich, einen Cap in der Nähe des erwarteten Kursziels zu wählen. Übrig bleibt einzig ein Discount-Call mit einem Cap bei 4.800 Punkten. Damit ist der maximale Wert des Discount-Optionsscheins auf 1.000 Punkte oder unter Beachtung des Bezugsverhältnisses von 0,01 auf zehn Euro beschränkt.

Wertzuwachs p. a.				2%	4%	6%	8%	10%	12%
vor. Indexstand nach 2 Jahren				4.515,34	4.694,14	4.876,42	5.062,18	5.251,40	5.444,10
Innerer Wert am Laufzeitende	Cap	Preis OS	Anzahl OS						
Basispreis 3.800,00 Pkte.	4.800	5,32	3,00	715,34	894,14	1.000,00	1.000,00	1.000,00	1.000,00

Tabelle 23: Berechnung des Anlageerfolgs mit einem Discount-Call

Bei dem in Optionsscheinen investierbaren Betrag von 15,98 Euro können Sie nun drei Bull-Spreads kaufen. Nach zwei Jahren erhalten Sie bei dem angenommenen Gewinn von acht Prozent pro Jahr also den maximalen Betrag von 30 (= 3 * [4.800–3.800] * 0,01) Euro zurück. In der Summe sind dies dann 130 Euro – also mehr als bei dem Investment über Standard-Optionsscheine.

Der Grund hierfür ist, dass bei einem ungecappten Warrant auch die Performance-Chance mitbezahlt wird, die nie erreicht werden kann. Durch den Cap wird dieser Performance-Beitrag „abgeschnitten", wodurch sich der Preis des Discount-Calls deutlich verringert.

5.8.5 Zusammenfassung

Garantie-Zertifikate sind Produkte, die Sie als Anleger beruhigt links liegen lassen können. Die Absicherung ist derzeit (noch) zu teuer, als dass sie wirklich von Nutzen sein kann. Das dürfte auch der Grund sein, warum nur wenige Garantie-Strukturen am Markt notieren. Der Anteil dieser Produkte an allen Zertifikaten liegt bei knapp über einem Prozent!

Bestenfalls wenn Sie Garantie-Zertifikate selbst zusammenbauen, könnte sich für sehr risikoscheue Anleger diese Art der Geldanlage lohnen. Ansonsten zeigt der Daumen bei diesen Produkten eindeutig nach unten.

5.9 Express-Zertifikate

Express-Zertifikate führen ein Schattendasein und werden ungerechterweise von privaten Anlegern kaum beachtet. Ein Grund dürfte sein, dass im Gegensatz zu anderen Strukturen Express-Zertifikate mit unterschiedlichsten Ausstattungsmerkmalen angeboten werden. Dies führt dazu, dass eine einfache Vergleichsmöglichkeit – wie etwa bei Discount- oder Bonus-Zertifikaten – nicht gegeben ist. Rund 20.000 „Expresse" werden angeboten, die sich auf über 150 verschiedene Typen verteilen. Kein Wunder also, dass Express-Zertifikate bei Anlegern als kompliziert oder unverständlich gelten.

Bevor ich Ihnen Strategien mit Express-Zertifikaten vorstelle, erkläre ich Ihnen einige grundlegende Punkte zu diesem Produkt – worin es sich von allen anderen Strukturen unterscheidet und wie Sie durch einen simplen Trick Express-Zertifikate einfacher verstehen werden.

5.9.1 Gemeinsamkeiten mit anderen Zertifikaten

Die Gemeinsamkeiten beginnen und enden bereits wieder mit der Tatsache, dass Express-Zertifikate über die Möglichkeit einer vorzeitigen Rückzahlung bereits vor dem eigentlichen Laufzeitende verfügen. Diese frühzeitige Rückzahlung erfolgt, sobald ein bestimmtes Kursniveau an einem bestimmten Tag überschritten wird. Diese nennen sich dann Call-Level und frühzeitiger Bewertungstag.

Von Discount- und Bonus-Zertifikaten sowie ihren Brüdern Reverse Convertibles unterscheiden sich „Expresse" ferner durch die Art und Weise der Rückzahlungen sowie der „Zinskomponente". Express-Zertifikate sind daher eine weitaus inhomogenere Gruppe als die anderen bislang dargestellten Strukturen. Selbst die Garantie-Zertifikate bilden eine weitaus einheitlichere Gruppe.

Daher erscheint es mir sinnvoll, zunächst auf die Rückzahlungsvarianten einzugehen und dann die Ertragserzielung zu beleuchten.

Danach werden Sie auch schnell erkennen, für welche Strategien die Express-Zertifikate geeignet sind.

5.9.2 Ein einfacher Ansatz zum Nachbau von Express-Zertifikaten

Die ersten klassischen Express-Zertifikate waren wie Discount-Zertifikate aufgebaut: Über einem bestimmten Kurslevel wurde der Höchstbetrag erstattet, darunter der anteilige Gegenwert des Basiswerts. Bei den Expressen erhielten Sie als Anleger über dem Call-Level den Höchstbetrag, darunter nur wieder die Performance.

Um zusätzliche Sicherheit zu gewährleisten, wurde in der nächsten Generation eine weitere Barriere berücksichtigt. Diese stellte sicher, dass unter dem Call-Level, aber über der Barriere 100 Prozent des Nominalwerts zurückerstattet wurden. Unterhalb der Barriere kam es dann wieder zu einer Rückzahlung, die der Kursentwicklung des Basiswerts entsprach. Auch diese Rückzahlungsvariante setzte sich nicht durch.

Gemeinsam haben alle Express-Zertifikate, dass sie einen Nominalwert haben, der zugleich die kleinste Stückelung angibt. Zudem herrscht meistens eine Prozentnotierung vor. Kostet ein Express also 101 (Prozent), so beträgt die Mindestanlage bei einem Nominalwert von 1.000 Euro folglich 1.010 Euro.

Eine weitere Gemeinsamkeit ist, dass bei allen Express-Zertifikaten die Chance auf eine vorzeitige Rückzahlung besteht. Hierfür wird an den sogenannten Bewertungstagen geprüft, ob ein bestimmtes Kursniveau überschritten wurde. Die Anzahl der Bewertungstage kann stark variieren und hängt davon ab, wie lange das Express-Zertifikat maximal laufen kann und in welchem periodischen Abstand eine Überprüfung erfolgt. Somit unterscheiden sich Express-Zertifikate auch von anderen Produkttypen, bei denen es nur einen Bewertungstag gibt.

Die Kursschwelle, die über eine vorzeitige Rückzahlung entscheidet, wird als „Call-Level“ bezeichnet. Abgeleitet wurde dieser Begriff aus der englischen Bezeichnung für Expresse, „auto callable“, das heißt, dass ein solches Zertifikat automatisch beim Überschreiten dieser Kursschwelle fällig gestellt wird, falls an einem der Bewertungstage das Call-Level überschritten wurde. Falls nicht, läuft das Zertifikat weiter bis maximal zum „finalen Bewertungstag“, dem eigentlichen Laufzeitende des Produkts.

Darüber hinaus existieren noch zwei Varianten bei den Express-Zertifikaten: die „Aufaddierer“ und die „Ausschütter“. Bei den Aufaddierern werden die Rückzahlungsbeträge quasi wie bei einem thesaurierenden Fonds stets aufaddiert. Damit ist gemeint, dass der Rückzahlungsbetrag sukzessive ansteigt, also zum Beispiel in Zehnerschritten auf 110 Prozent, auf 120 Prozent, 130 Prozent – bis am Bewertungstag der maximale Erstattungsbetrag erreicht wird.

Bei den „Ausschüttern“ erfolgt dagegen an jedem Bewertungstag eine Kupon-Zahlung.[15] Auf das Beispiel oben bezogen würde der Anleger also an jedem Bewertungstag einen Kupon von zehn Prozent erhalten. Diese Variante besitzt gegenüber den Aufaddierern den Charme, dass schon vorab Zahlungen erfolgen können und daher ein Totalverlust vermieden werden kann. Selbstredend sind diese Produkte aber um Nuancen teurer als Aufaddierer, da eine Teilerstattung ein Vorteil gegenüber den thesaurierenden Varianten ist und diese Aussicht eben auch bezahlt werden muss.

Stellen Sie sich nun ein Express-Zertifikat vor, bei dem schon alle vorangegangenen Bewertungstage verstrichen sind und nur noch der endgültige Bewertungstag vor Ihnen liegt. Wird eine bestimmte Kursgrenze überschritten, erhalten Sie am Laufzeitende im Falle der Aufaddierer einen fixen, auf ein bestimmtes Maximum gedeckelten Betrag oder eben bei den Ausschüttern den Nominalwert plus einen Kupon. Beide Strukturen kennen Sie bereits: Im ersten Fall ist es ein Discount- oder, falls eine Barriere vorhanden ist, ein Protect-Discount-Zertifikat, im zweiten Fall ein Reverse Convertible beziehungsweise Protect Reverse Convertible. Gehen Sie nun gedanklich einen Bewertungstag zurück. Wird jetzt die Grenze überschritten, dann kommt es zu einer vorzeitigen Rückzahlung wie bei den beschriebenen Standardstrukturen. Falls es nicht zu einer vorzeitigen Rückzahlung kommt, „verlängert" sich die Laufzeit und der endgültige Fälligkeitstag entscheidet über die Höhe des Erstattungsbetrags. In diesem Fall besteht das Express-Zertifikat also aus zwei (Protect-)Discount-Zertifikaten oder (Protect) Reverse Convertibles: eines mit einer Laufzeit bis zum vorletzten Bewertungstag und ein weiteres Produkt mit einer Fälligkeit zum endgültigen Bewertungstag. Sie können nach diesem Baukastenprinzip ein Express-Zertifikat mit beliebig vielen Bewertungstagen wie eine Perlenschnur zusammenbauen.

Diese Perlenschnur-Struktur hat für Sie als Anleger noch einen weiteren Vorteil: Weil Ihr Erfolg nicht nur von einem Bewertungstag abhängig ist, sondern Sie mehrere Chancen besitzen, ist der Kursverlauf eines Expresses weitaus weniger schwankungsfreudig. Stellen Sie sich bildlich einen Bergsteiger vor: Würde er sein Seil mit nur einem Haken sichern, bestünde die Gefahr, dass er in die Tiefe stürzt, wenn sich dieser lockert. Bei einem Express-Zertifikat verringert sich die Gefahr enorm, weil – zumindest anfänglich – mindestens zwei Haken einen Absturz auffangen können.

5.9.3 Vorwort zu den Ausstattungsmerkmalen von Express-Zertifikaten

Da Sie nun wissen, dass Sie sich ein Express-Zertifikat als aneinandergereihte (Protect-)Discount-Zertifikate vorstellen können, ist die nächste Überlegung sehr naheliegend: Ein Express-Zertifikat können Sie wie Discount-Zertifikate einsetzen. Sie können also sämtliche Strategien mit Express-Zertifikaten ebenso umsetzen wie mit einem Discounter.

Es gibt jedoch eine Einschränkung: Das Basiswerte-Universum ist bei Expressen weitaus kleiner, sodass Sie bei manchen Aktien oder

Indizes doch auf die bekannten Standardprodukte zurückgreifen müssen. Finden Sie aber ein geeignetes Produkt, können Sie Ihre Erwartung mit weniger Risiko oder mit höheren Gewinnchancen umsetzen.

Bevor ich Ihnen allerdings die Strategien im Detail beschreibe, müssen die Produkteigenheiten von Express-Zertifikaten noch erläutert werden: Neben den bereits erwähnten Unterschieden bezüglich der „Verzinsung" existieren im Grunde drei verschiedene Rückzahlungsmodalitäten. Hinzu kommen noch Besonderheiten im Hinblick auf den beziehungsweise die Basiswerte: Während es bei einem Standardprodukt immer ein Index oder eine Aktie ist, gibt es unter den wenigen Express-Zertifikaten sehr viele Produkte, die sich auf zwei oder mehr Basiswerte beziehen (sogenannte Multi-Assets). Und zu guter Letzt gibt es auch noch bei den Ausschüttern unterschiedliche Ausstattungsmerkmale.

Eines dürfte Sie aber wenig erstaunen: Express Reverse Convertibles sind bei mir ebenso unbeliebt wie die „normalen" Reverse Convertibles. Denn eine in meinen Augen schlechte Struktur wird durch die Verpackung in einem Express-Zertifikat nicht besser.

Machen Sie sich aber keine Sorgen: Auch wenn es ein schwierigeres Kapitel ist, lohnt es sich, durchzuhalten, um in jeder Hinsicht – wenn Sie von den langjährigen durchschnittlichen Aktenrenditen von sieben bis acht Prozent ausgehen – besser als am Aktienmarkt zu investieren.

5.9.4 Rückzahlungsprofile am Laufzeitende

Den Anfang machen wir quasi mit dem Ende, denn dann sehen Sie sofort, welche Art der Express-Zertifikate ebenfalls keine Favoriten von mir sind. Allerdings ist dies historisch betrachtet die erste Express-Struktur. Daher sollte sie zumindest einmal erwähnt werden. Ich werde Ihnen auch erklären, woran Sie diesen Produkttyp und alle anderen Produkttypen erkennen können. Denn im Gegensatz zu Discount- oder Bonus-Zertifikaten, bei denen eine hohe Standardisierung vorliegt und selbst Unterschiede bei den von den Emittenten vergebenen Produktnamen keine Rolle spielen, ist es bei den Expressen schon mühsamer.

Gleichgültig, ob es sich um Aufaddierer oder Ausschütter handelt, haben sich fünf Rückzahlungsvarianten etabliert.

5.9.4.1 Express-Zertifikate ohne Absicherung

Typischer Vertreter dieser Aktienkategorie sind Express Reverse Convertibles. Da Sie schon wissen, dass ich von diesen Produkten in der Standardversion abrate, können Sie sich leicht vorstellen, dass ich sie auch als Express-Zertifikate nicht empfehlen kann.

Am Laufzeitende erhalten Sie immer den Zins aus dem Reverse Convertible. Liegt der Abrechnungskurs über dem Basispreis beziehungsweise dem Call-Level, kommt der Nominalbetrag von 100 Euro oder 1.000 Euro pro Zertifikat noch dazu. Liegt der Abrechnungskurs allerdings zehn Prozent darunter, sind es auch nur noch 90 Prozent des Nominalwerts.

5.9.4.2 Express-Zertifikate mit (Teil-)Absicherung

Schon sehr schnell erkannten die Emittenten, dass Express-Zertifikate ohne Absicherung am Laufzeitende zu unattraktiv sind. Die Weiterentwicklung der Expresse zu abgesicherten Produkten führte zu einem deutlichen Mehr an Sicherheit und somit zu höheren Gewinnerwartungen als bei den ersten Produkten.

Leider haben sich die Emittenten trotz aller Anstrengungen noch immer nicht auf eine einheitliche Bezeichnung einigen können, sodass bei den Emittenten immer wieder unterschiedliche Bezeichnungen für gleiche Produkte auftauchen. Zur „Übersetzung" der Namensgebung verweise ich an dieser Stelle auf das Glossar.

Hinzu kommt das „Juristendeutsch" zur Erklärung der Rückzahlungen. Ich zitiere hier aus einer Broschüre, die die Produkte erklären soll:

„Kommt es zu keiner vorzeitigen Rückzahlung, ist die Rückzahlung am Rückzahlungstermin vom Schlusskurs des Basiswerts am Bewertungstag (Referenzpreis) abhängig. Ausgehend von der Barriere und dem Basispreis (Bezugsgröße für die Ermittlung des Rückzahlungsbetrags) ergeben sich zwei Varianten." Bei solchen Sätzen ist man leicht verwirrt, denn schon der Begriff „Referenzpreis" lässt unterschiedliche Interpretationen zu: Es kann der Schlusskurs eines Basiswerts sein oder auch der Preis, der zur Abrechnung von Optionen dient, und so weiter. Leider habe ich im Internet keine Suchen gefunden, um verschiedene Expresse miteinander zu vergleichen. Hier besteht noch ein sehr großer Nachholbedarf.

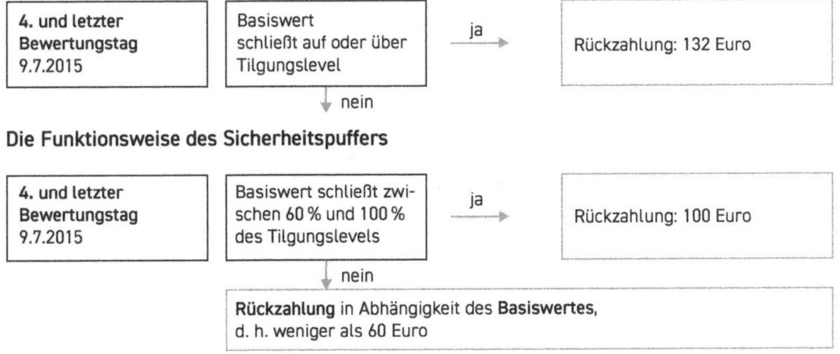

Grafik 39: Rückzahlung eines Express-Zertifikats mit Teilabsicherung des Nominalbetrags

Bei der in Grafik 39 dargestellten Variante erhalten Sie am Laufzeitende den Maximalbetrag, wenn die (Ertrags-)Barriere am letzten (!) Bewertungstag überschritten wird. Das Express-Produkt ist also wie ein Protect-Discount-Zertifikat zu verstehen, dessen Barriere nur am letzten Tag gültig ist. Die vorangegangene Preisentwicklung des Basiswerts spielt also keine Rolle. Somit können Sie sich auch einmal beruhigt zurücklehnen, wenn es einen „Flash Crash" oder Vergleichbares gibt.

Um es den Anlegern nicht zu einfach zu machen, teilen manche Emittenten die zwei auch noch in drei Rückzahlungsbedingungen ein: In der Grafik würde also zweimal „Letzter Bewertungstag“ erscheinen. Die erste Frage wäre, ob der Index über dem Rückzahlungslevel schließt, die zweite Frage, falls nein, ob die Benchmark über der Barriere liegt. In beiden Fällen erhalten Sie am Laufzeitende den Maximalbetrag erstattet. Es ist also nur ein gradueller Unterschied.

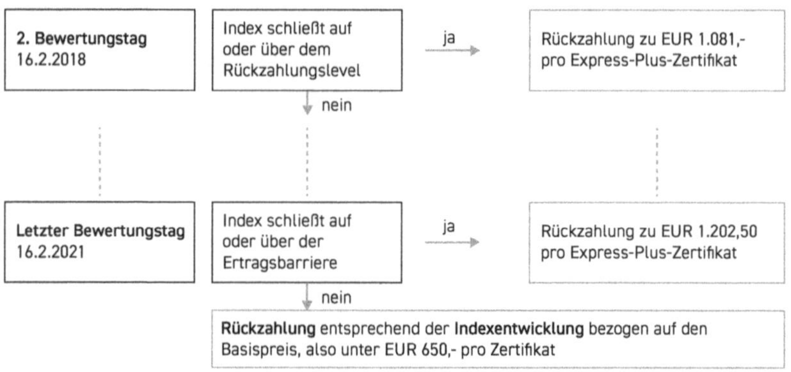

Grafik 40: Rückzahlung eines Express-Zertifikats mit maximaler Rückzahlung bei tiefem Call-Level am letzten Bewertungstag

Die höchste Absicherungsstufe bieten Express-Zertifikate mit einem Airbag-Mechanismus. Ich hatte in diesem Buch Airbags bislang bewusst außer Acht gelassen, weil die Stückzahl sehr begrenzt ist.

Ein Airbag-Zertifikat schützt Sie als Anleger zwar nicht komplett vor Kursverlusten, aber wie beim Fallschirmspringen werden die Effekte abgemildert. Bei einem Airbag-Zertifikat sinkt die Rückzahlung „sanft“, bei allen anderen Typen bricht der Rückzahlungsbetrag dagegen sofort ein: Über der Barriere wird der Höchstwert erstattet, doch bereits einen Cent unter der Barriere brechen sofort auch die Rückzahlungsbeträge ein (siehe hierzu auch das vorangegangene Schaubild).

Letzter Beobachtungstag: 10.1.2028

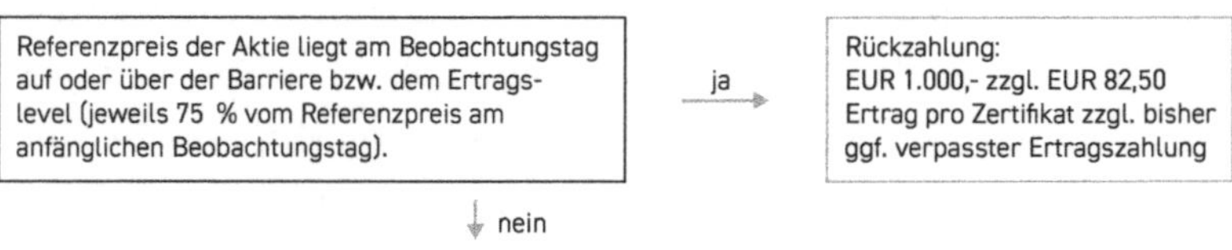

Grafik 41: Auszahlung Express-Airbag-Zertifikat

Liegt der Referenzpreis unter der Barriere, erhalten Sie als Rückzahlung eine Lieferung des Basiswerts. Die Anzahl entspricht dabei dem Ratio (Referenzanzahl), das dem Nennwert geteilt durch den Fixing-Preis entspricht. Anstatt Bruchteilen von Aktien wird ein Geldbetrag ausgezahlt, da Aktien nur in ganzen Stücken handelbar sind. Bei Indizes als Basiswert erhalten Sie die Rückzahlung in bar. Der Rückzahlungsbetrag wird wie folgt ermittelt: Rückzahlungsbetrag = Nennbetrag × Referenzpreis/Basispreis. Der Basispreis ist eine weitere Kursschwelle in Bezug zum Startwert. Der im Vergleich zum Startwert niedrigere Basispreis wirkt hier als Puffer („Airbag“-Mechanismus). Deutlich wird dies anhand einer Grafik.

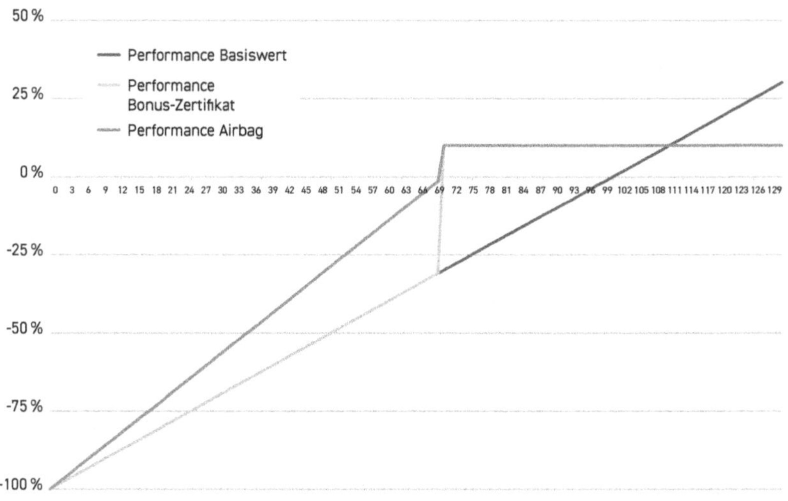

Grafik 42: Vergleich der Absicherung am Laufzeitende durch Airbag und Barriere

Auf den ersten Blick erkennen Sie das „sanfte Absinken“ des Preises des Produkts bei der Airbag-Variante gegenüber den Barrieretypen. Daher sollten Sie auch – wenn die Konditionen (Barriereabstand, Rendite) nicht zu sehr differieren – immer ein Express-Airbag-Zertifikat vorziehen.

5.9.4.3 Varianten der vorzeitigen Rückzahlung

Die vorzeitige, das heißt die vor dem Ende der Laufzeit stattfindende Rückzahlung erfolgt bei Express-Zertifikaten immer dann, wenn ein „Call-Level“ (auch Auszahlungslevel genannt) überschritten wird: Notiert der Basiswert am sogenannten Beobachtungstag über diesem vorher festgesetzten Kursniveau (Strike), kommt vor Laufzeitende eine Rückzahlung zustande. Diese Levels können konstant über die gesamte Laufzeit sein, aber auch sukzessive sinken (Step-Down). Selten ist die Variante, dass die Auszahlungslevels periodisch ansteigen. Dann werden diese Produkte als Step-Up-Express-Zertifikate bezeichnet.

5.9.5 Ausschüttungen während der Laufzeit

Bei den ausschüttenden Express-Zertifikaten gibt es über alle Einlösungsvarianten hinweg zwei Arten der Kuponzahlung.

5.9.5.1 Kupon wird unabhängig von einer Barriere ausgeschüttet (fester Zins)

Bei diesen Produkten erhalten Sie unabhängig von der Kursentwicklung des Underlyings immer einen festen Zinssatz. Letztendlich wurde eine Express-Struktur mit einem Reverse Convertible verschmolzen. Da ich kein Freund von Reverse Convertibles in jeglicher Form bin, kann ich Ihnen von dieser Struktur nur abraten!

5.9.5.2 Kupon wird abhängig von einer Barriere ausgeschüttet

Die Zahlung hängt bei diesen Express-Zertifikaten davon ab, ob an einem Beobachtungstag eine Barriere verletzt wurde. Falls nein, erhalten Sie Ihren Kupon ausgezahlt.

Falls es doch zu einem Barriereereignis kommen sollte, gibt es zwei Möglichkeiten: Bei der sogenannten „Revive" fällt für die laufende Periode die Zinszahlung zwar aus, sie lebt aber im nächsten Beobachtungszeitraum wieder auf.

Bei den „CatchUp"-Varianten kann die Zahlung zwar ebenfalls ausfallen, kommt es aber später zu einer Ausschüttung, werden alle vorher verlorenen Kupons mit ausgezahlt.

Um diese Unterschiede nochmals zu verdeutlichen, gehen wir von folgendem Beispiel aus: Sowohl das Revive- als auch das CatchUp-Express-Zertifikat haben eine Laufzeit von fünf Jahren und würden in jeder Periode immer einen Kupon von fünf Prozent zahlen. Unglücklicherweise liegen die Beobachtungspreise in den ersten vier Perioden immer unter der Barriere, nur im letzten Jahr liegt die Notiz des Underlyings über der Barriere. Die Revive-Käufer würden folglich nur ein einziges Mal einen Kupon von fünf Prozent erhalten. Der Besitzer der CatchUp-Struktur freut sich neben dem Zins für das letzte Jahr über vier weitere Kupons (also insgesamt 25 Prozent), die nun nachträglich zur Auszahlung gelangen.

5.9.6 Das Basiswerte-Universum bei Express-Zertifikaten

Express-Zertifikate beziehen sich häufig nur auf ein Underlying, dann bezeichnet man diese Produkte auch als Single-Stock-Express-Zertifikate.[16] Sehr verbreitet sind aber auch Multi-Asset-Expresse, bei denen die Kursentwicklung des schlechtesten Basiswerts über die vorzeitige Rückerstattung oder Zinszahlung bestimmt.

5.9.6.1 Single-Stock-Express-Zertifikate

Wie der Name schon erahnen lässt, beziehen sich diese Produkte auf nur einen Basiswert. Das Anlageuniversum ist allerdings etwas eingeschränkter als zum Beispiel bei Bonus-Zertifikaten.

5.9.6.2 Multi-Asset-Express-Zertifikate

Bislang bezogen sich alle Zertifikatetypen immer nur auf ein Underlying. Die Besonderheit dieser Express-Zertifikate ist, dass auch Produkte existieren, die sich auf zwei oder mehrere Underlyings beziehen. Für sämtliche Zahlungen ist die Wertentwicklung des Basisobjekts mit der schlechtesten Performance ausschlaggebend. Daher werden sie auch gelegentlich „Worst-of-Express-Zertifikate" genannt.

Die Emittenten strukturieren solche Produkte entweder, indem sie einer Branche zugehörige Titel auswählen oder nicht gleichlaufende (unkorrelierte) Wertpapiere zusammenführen. Letzteres führt dazu, dass höhere Kupons gezahlt werden können, weil immer die Chance besteht, dass durch die gegenläufigen Entwicklungen ein höheres Risiko eines Zinsausfalls besteht. Betrachten Sie einmal die Kursentwicklung von Bayer und SAP. Beides sind DAX-Werte, aber während Bayer um seinen Vorjahreskurs herum schwankt, legte SAP im selben Zeitraum um rund 50 Prozent zu.

5.9.7 Wie finde ich das richtige Express-Zertifikat?

Genau an dieser Stelle wird es schwierig für Sie: Mir persönlich ist keine Suchmaschine im Internet bekannt, die einen emittentenübergreifenden Vergleich anhand vorgegebener Ausstattungsmerkmale erlaubt. Es bleibt Ihnen nichts anderes übrig, als die verschiedenen Internetseiten der Emittenten aufzusuchen. Bei folgenden Emittenten finden Sie Expresse:

BNP Paribas: https://derivate.bnpparibas.com/zertifikate/

Deka Investments: https://www.deka.de/zertifikate/express-zertifikate

DZ Bank: https://www.dzbank-derivate.de/product/list/index/category/ExpressCertificate

Société Générale: https://www.sg-zertifikate.de/product-search/express-zertifikate/all-assettypes/all-assets

UBS: https://keyinvest-de.ubs.com/produkt/liste?firstLevelFilters=currentInvestmentProducts&productType=ExpressCertificates

UniCredit: https://www.onemarkets.de/de.html?productNav=Product_Navigation_InvestmentProducts#

Leider kann ich es Ihnen nicht ersparen, sich durch die vielen Emittentenseiten zu klicken, da es (noch) kein Onlineportal gibt, das feingliedrige Suchen im Bereich der Express-Zertifikate erlaubt.

6

Schlussbemerkung

In diesem Buch habe ich versucht, Ihnen die Welt der Zertifikate näherzubringen. Ich hoffe, Sie werden es zuklappen und sagen können: „Endlich habe ich es verstanden." Mit dem Verständnis stellen sich auch schnell Anlageerfolge ein – wichtig ist das Üben! Viele Discount-Broker und Suchmaschinen bieten dafür virtuelle Depots oder zumindest Watchlists an. Vielleicht machen Sie erst einmal ein paar Trockenübungen, bevor Sie echtes Geld investieren.

Leider musste ich aus Gründen der Verständlichkeit an manchen Stellen zu einer vereinfachten Darstellung greifen und Nuancen weglassen. Die Profis unter Ihnen mögen mir verzeihen.

Sollten Sie mir irgendwann einmal begegnen, sprechen Sie mich ruhig an. Gern diskutiere ich über Sachverhalte des Buchs und tausche mich mit Ihnen aus.

Am Schluss möchte ich erneut John C. Bogle zitierten, der neben Warren Buffett zu den größten Persönlichkeiten an den Finanzmärkten zählt: „Wenn es mehrere Lösungen für ein Problem gibt, so wähle die einfachste aus.“ In diesem Sinne wünsche ich Ihnen immer eine erfolgreiche Problemlösung.

Danksagung

Ein Buch wie dieses ist natürlich nicht entstanden, ohne dass eine Reihe von Personen mich unterstützt hat.

Am Anfang gebührt der Dank meiner Familie, die mich zu diesem Leitfaden animiert hat. Meiner Frau Elke, die mich bei diesem Vorhaben besonders unterstützte. Ebenso standen mir meine Kinder mit kritischen Anmerkungen zum Einsatz von Zertifikaten und zur Verständlichkeit der Beschreibungen zur Seite.

Dieses Buch wäre aber nicht entstanden, wenn ich nicht eines Tages vor über 30 Jahren als BWL-Student einen Nebenjob in einem Börsenverlag angetreten hätte. Die Kollegen von damals spielen noch heute eine große Rolle im Zertifikate-Business, sodass man unter anderem Würzburg als Keimzelle des Journalismus im Bereich Derivate bezeichnen darf.

Auf meinem weiteren Weg und durch viele TV-Sendungen durfte ich viele Beschäftigte bei den Emittenten kennen- und schätzen lernen.

Jeder von ihnen trug ein Stück dazu bei, die Begeisterung für und das Wissen um Anlage- und Hebelprodukte zu vergrößern.

Nach dem „Seitenwechsel" weg vom Journalismus hin zu IT-Dienstleistungen konnte ich ebenfalls eine ganze Reihe von neuen Kollegen kennenlernen, die zum Teil zum Urgestein im Derivate-Business gezählt werden dürfen.

Schlussendlich waren es auch die Hörer meiner diversen Vorträge, die mich durch ihre fragenden Gesichter anspornten, alles um Zertifikate herum auf ein verständliches Niveau zu bringen.

Vielen Dank ihnen allen!

Endnoten

Vorwort

1 Der Deutsche Derivate Verband (DDV) ist die deutsche Branchenvertretung der führenden Emittenten strukturierter Wertpapiere. Die vom DDV veröffentlichten Informationen beziehen sich auf CDS mit einer Laufzeit von fünf Jahren und Unternehmensanleihen als Referenzobjekt.

2 derivare: ableiten, umleiten

Kapitel 1

1 Stand: Juni 2023.

Kapitel 2

1 Auf diese Studie wurde hingewiesen unter https://www.test.de/Aktien-Typische-Anlagefehler-und-wie-man-es-besser-macht-5153101-5153106/

2 https://www.aktienwelt360.de/2015/07/06/die-25-klugsten-zitate-von-warren-buffett/

3 Cookson, J. Anthony and Engelberg, Joseph and Mullins, William, Echo Chambers (14.02.2022). Review of Financial Studies (2023; https://papers.ssrn.com/sol3/papers.cfm?abstract_id=3603107

4 Für eine erste Einschätzung Ihres Risikoprofils hilft ein Tool der Union Investment; https://www.union-investment.de/anlegen/rechner/risikoprofil_ermitteln

5 Wenn Sie im Internet nach „Risiko- und Money-Management Wertpapiere" suchen, werden Sie sehr schnell fündig.

Kapitel 3

1 https://www.boerse-stuttgart.de/de/boersenportal/tools-und-services/handelstransparenz/mistradeliste/

2 Quelle: Deutscher Derivate Verband (DDV); www.derivateverband.de/DEU/Transparenz/Credit-Default-Swaps; Stand: Februar 2023.

Kapitel 4

1 Vgl. Steiner, Manfred / Bruns, Martin (1996): „Wertpapiermanagement", S. 286 ff.; hier werden die jeweiligen Sensitivitäten in 3D dargestellt.

2 Die entsprechende Kennzahl, die angibt, wie stark sich das Delta selbst verändert, wird als Gamma bezeichnet und entspricht der zweiten Ableitung des Optionspreises nach der Kursveränderung.

3 https://www.berkshirehathaway.com/; Bilder zur Hauptversammlung finden Sie unter anderem hier: https://www.gettyimages.de/fotos/berkshire-hathaway-annual-meeting

4 Eine aktuelle Übersicht der Beteiligungen finden Sie unter anderem hier: http://www.valueinvesting.de/berkshire-hathaway/portfolio/

5 Diese Bezeichnungen haben sich so eingebürgert und beziehen sich nicht auf die geografische Herkunft.

6 Mehr zur Duplizierung bei den jeweiligen Typen.

7 Von Arbitragefreiheit spricht man, wenn keine risikolose Preisdifferenz ausgenutzt werden kann.

8 Übrigens auch hier ein gutes Beispiel, dass manche Bewertungskriterien subjektiv sind, da unklar ist, welcher Zinssatz der „richtige" ist, auch wenn die Zinslaufzeit bekannt ist.

Kapitel 5

1 Bei Restlaufzeiten wird häufig die Rendite nicht über eine Exponentialfunktion berechnet, sondern indem der Wertzuwachs durch die Restlaufzeit in Jahren geteilt wird.

2 Zur Vereinfachung werden Anschaffungs- und Depotkosten vernachlässigt, zumal diese von Anleger zu Anleger verschieden sein können.

3 Auch hier kann die Chartanalyse (Unterstützung) gute Dienste leisten.

4 Die Stammdaten eines Discount-Zertifikats sind Ratio und Basispreis/Cap.

5 Volkswagen schüttete Mitte Dezember 2022 eine Sonderdividende von 19,06 Euro aus, die aus dem Verkauf beziehungsweise Börsengang der Tochter Porsche resultierte.

6 Beispielsweise zahlte TotalEnergies Anfang Dezember 2022 eine Sonderdividende in Höhe von 1,00 Euro. Die Bereinigung um Sonderdividenden war übrigens nicht immer gegeben.

7 Nordex SE erhöhte im Juli 2022 das Kapital durch die Ausgabe neuer Aktien. Für je 49 bestehende Aktien erhielten die Aktionäre zehn neue Aktien zum Ausgabepreis von 5,90 Euro.

8 Ende November führte die CS Group eine Kapitalerhöhung durch, da die Bank ins Straucheln zu geraten drohte.

9 Die Schweizer ABB gliederte im Oktober 2022 die Tochter Accelleron aus. Für 20 ABB-Anteile erhielten Aktionäre eine Aktie von Accelleron. Ein Basket bestand dann aus 1 * ABB + 1/20 * Accelleron.

10 Siehe https://de.wikipedia.org/wiki/Zinsberechnungsmethode

11 Ein weiterer nicht zu übersehender Vorteil ist, dass ETFs sparplanfähig sind und so periodisch mit kleineren Beträgen – teilweise bereits ab 25 Euro – ein Vermögen aufgebaut werden kann.

12 Chiarella, Carl; Kang, Boda; Meyer, Gunter H. (September 2012): „The evaluation of barrier option prices under stochastic volatility“, *Computer & Mathematics with Application*, Volume 64, Issue 6, September 2012, S. 2034-2048.

13 Siehe hierzu die Grafiken 21/22 und den Zusammenhang zwischen Kursverlusten und Volatilitäten.

14 Bei asiatischen Optionen erfolgt eine Durchschnittsbildung über mehrere Beobachtungstage, weshalb dieser Optionstyp günstiger als andere Optionen ist.

15 Die Ausschüttung kann wiederum von bestimmten Kriterien abhängig sein wie beispielsweise einer stetigen Notierung über einer gewissen Barriere.

16 Auch wenn sich ein solches Produkt auf einen Index bezieht, spricht man gern von Single Stock.

Glossar

A

Abgeld: → Disagio

Abrechnungspreis: → Settlement Price

Absicherungsgeschäft: → Hedge

Agio (Aufgeld): Das Agio ist der prozentuale oder absolute Preisunterschied beim Kauf eines Anlagezertifikats anstatt des Direkterwerbs. Dies rührt aus dem → Zeitwert der Option her. Ist ein verbilligter Kauf möglich (wie beispielsweise bei → Discount-Zertifikaten), spricht man von Abgeld oder → Disagio.

Aktienanleihe: → Reverse Convertibles

Amerikanisches Optionsrecht: → Optionsrecht

Am Geld (at the money): → Moneyness

Anlageklasse (Asset Class): Bezeichnung für das Anlagesegment, also Aktien, Indizes, Rohstoffe, Kryptowährungen usw.

Anlagezertifikat: Sammelbegriff für alle Arten von Zertifikaten, die einer längerfristigen Anlage dienen. Es handelt sich hierbei um → Anleihen (→ Inhaberschuldverschreibungen), die einem – wenn auch zumeist geringen – → Emittentenrisiko unterliegen.

Anleihe (Bonds): Zinstragendes Wertpapier mit einer in der Regel festen Laufzeit, bei der ein fester oder variabler Zins ausgezahlt wird. Diese auch Rentenpapiere, Obligationen oder (Inhaber-)Schuldverschreibung genannten Wertpapiere dienen als Finanzierungsmittel oder als Bestandteil eines → Reverse Convertibles.

Arbitrage: Unter Arbitrage versteht man das Ausnutzen von Preisdifferenzen gleicher → Underlyings auf verschiedenen Märkten oder die → Duplizierung der entsprechenden Position.

Asiatisches Optionsrecht: → Optionsrecht

Ask (Briefkurs): Der Ask ist der Preis, zu dem ein anderer Marktteilnehmer bereit ist, zu verkaufen. Dieser Preis entspricht Ihrem Kaufkurs.

Aus dem Geld (out of the money): → Moneyness

Ausübung: Die Ausübung einer Option bedeutet, dass der Inhaber der Option Gebrauch von seinem Recht macht, das zugrunde liegende Wertpapier zu kaufen (Call-Option) oder zu verkaufen (Put-Option).

Ausübungspreis: → Basispreis

Auszahlungsbetrag: Geldbetrag, den der Anleger am Laufzeitende bei Fälligkeit eines Zertifikats vom Emittenten erhält.

Auszahlungslevel: → Call-Level

Auszahlungstermin: → Fälligkeitstag

B

Backwardation: Eine Preisstruktur an den Rohstoffmärkten, bei der der Preis des aktuellen Terminkontrakts (Front Month) höher liegt als der für spätere Verfallstermine. Das Gegenteil bezeichnet man als → Contango.

Baisse: Eine länger andauernde Abwärtsbewegung der Kurse bezeichnet man als Baisse oder Bärenmarkt. Der Bär steht symbolisch für fallende Kurse. Als „Bären“ bezeichnet man auch Anleger, die auf Kursrückgänge setzen.

Bandbreiten-Optionsschein: → Range Warrants

Barausgleich: → Cash Settlement

Barrier Option: Exotische Option, bei der ein Optionsrecht aktiviert wird oder verfällt, sobald bestimmte Kursgrenzen über- oder unterschritten werden.

Barriere: Hierbei handelt es sich um ein vorbestimmtes Kursniveau, das nicht unter- oder überschritten werden darf. Synonym werden die Begriffe Sicherheitspuffer oder Knock-out-Schwelle verwendet. Wird die Barriere verletzt, verliert das Zertifikat besondere Zusatzerträge (z. B. → Bonusbetrag).

Barwert: Der Wert einer künftigen Zahlung eines fixen Betrags eines Wertpapiers (z. B. Anleihe) berechnet auf den Wert per heute. Hierbei wird der Rückzahlungsbetrag durch die Verwendung eines laufzeitkongruenten Zinses abdiskontiert.

Basispreis (Strike, Bezugspreis, Ausübungskurs): Der Wert, zu dem ein Basiswert ge- oder verkauft werden kann. Allerdings werden Optionen selten ausgeübt, sondern häufig vor Laufzeitende verkauft. Bei Zertifikaten wird mit dem Basispreis meistens ein Kursniveau bezeichnet, das einen (anteiligen) Höchstbetrag (→ Cap) liefert.

Basiswert (Basisinstrument, Underlying): Zertifikate und Optionen/Optionsscheine sind sogenannte Derivate (lateinisch derivare: „ableiten“). Den wesentlichen Einfluss auf die Preisentwicklung eines Derivats übt die Kursentwicklung des Basiswertes aus. Basiswerte können Aktien, Indizes, Währungen oder Rohstoffe oder Körbe aus diversen Underlyings sein.

Basket (Korb): Anlageprodukte können sich nicht nur auf einen Einzelwert beziehen, sondern auch auf eine ganze Reihe von Basiswerten.

In der Regel sind Baskets statisch, können aber auch Anpassungsregeln, nach denen ein Austausch zu erfolgen hat, besitzen.

Bearish: Erwartung fallender Preise

Bear-Spread (Put-Spread): → Capped Warrant

Behavioral Finance (Börsenpsychologie): Behavioral Finance untersucht, inwieweit sich Emotionen, kognitive Verzerrungen und Verhaltensweisen von Anlegern auf finanzielle Entscheidungen und damit den Finanzmarkt auswirken. Dieser Ansatz stellt die sogenannte „Hypothese der effizienten Märkte", wonach im Preis eines Assets alle verfügbaren Informationen enthalten sind, infrage. Typische Verhaltensmuster sind der Herdentrieb, wenn Anleger „alle auf einmal" in die gleiche Richtung spekulieren, sowie das Verhalten bei Kursverlusten, diese laufen zu lassen.

Beobachtungstag: Fixes Datum während der Laufzeit eines Zertifikats. In der Regel ist es der letzte Tag eines Zertifikats. An diesen Stichtagen werden im Anschluss Zinszahlungen geleistet oder frühzeitige Rückzahlungen ausgelöst.

Bewertungstag: Der letzte Tag, der über die endgültige Höhe der Rückerstattung entscheidet.

Bezugsverhältnis: → Ratio

Bid (Geldkurs): Der Preis, zu dem ein Anleger Ihnen Ihre Wertpapiere abkaufen würde.

Bid-Ask-Spread (Geld-Brief-Spanne): Differenz zwischen Ask und Bid. Um diesen Betrag muss der Basispreis mindestens steigen, um in die Gewinnzone zu gelangen.

Binominalmodell: Optionspreistheoretisches Bewertungsmodell zur Berechnung eines theoretischen Preises einer amerikanischen Option. Da zum Teil subjektive Schätzungen eingehen, ist der Preis nicht automatisch auch der korrekte oder faire Kurs einer Option.

Black-Scholes-Modell: Optionspreistheoretisches Bewertungsmodell zur Ermittlung eines theoretischen Preises einer europäischen Option. Wie bei dem Binominalmodell auch ist der errechnete Kurs nur ein Indiz für den Wert der Option.

Börsenusancen: Schriftliches Regelwerk der jeweiligen Börse; die Handelsbräuche, die auf einer einheitlichen, freiwilligen und dauernden Übung beruhen und der Vereinheitlichung in der Abwicklung von Börsengeschäften dienen. Diese Regeln werden von den Börsenräten erlassen.

Bond: → Anleihe

Bonusbetrag: Ein zusätzlicher Betrag, der bei allen Arten von → Bonus-Zertifikaten gezahlt wird, wenn die → Barriere nicht verletzt wurde.

Bonuslevel: Eine Kursschwelle, bis zu der der → Bonusbetrag gezahlt wird, wenn die → Barriere nicht verletzt wurde. Bei einem → Ratio von 1 entspricht der Bonusbetrag dem Bonuslevel. Bei einem DAX-Bonus-Zertifikat mit einem Ratio von 0,01 beträgt der Bonusbetrag bei einem Bonuslevel von 18.000 Punkten 180 Euro.

Bonus-Zertifikate: Mit Bonus-Zertifikaten haben Anleger eine Alternative zu einem Direktinvestment, allerdings mit einem besseren Chance-Risiko-Verhältnis, da durch eine → Barriere (Sicherheitspuffer) Risiken abgefedert werden. Wird die Barriere nicht verletzt, erhält der Anleger mindestens den → Bonusbetrag oder falls höher die Performance des → Basiswertes. Grundsätzlich sollten Investoren aber vom Basiswert überzeugt sein und nicht mit einem Bruch der Risikoschwelle rechnen. Um dies einschätzen zu können, hilft insbesondere die → Chartanalyse. Bonus-Zertifikate bestehen aus einem European → Zero Strike Call und einem → Down-and-Out-Put.

Bullish: Erwartung steigender Preise.

Bull-Spread (Call-Spread): → Capped Warrant

C

Call (Kaufoption): Eine Option, die einem Käufer das Recht einräumt, eine Anzahl des Basiswerts während der Laufzeit zu einem festgelegten → Basispreis abzurufen. In der Regel wird das Ausübungsrecht nicht ausgeübt, stattdessen wird die Option verkauft.

Call-Level (Auszahlungslevel, Express-Level): Kursniveau, das bei Überschreiten an einem vorzeitigen Rückzahlungstermin automatisch zu einer vorzeitigen Rückzahlung des Express-Zertifikats führt.

Cap (Höchstbetrag): Festgelegter Betrag bzw. Kurslevel, bis zu dem ein Anleger an der Kursentwicklung partizipiert.

Capped Warrant (Spread-Warrant): Optionsschein, der aus dem Kauf und Verkauf einer Option mit gleicher Laufzeit auf das gleiche → Underlying, aber unterschiedlichen → Basispreisen besteht. Ein Call-Spread (Bull-Spread) ist der gleichzeitige Kauf eines → Calls sowie der Verkauf eines Calls mit einem höheren → Basispreis. Hierdurch wird der maximal erzielbare Betrag zwar auf einen Cap begrenzt, durch die vereinnahmte Prämie des verkauften Calls ist der Call-Spread jedoch günstiger als ein Standard-Kaufoptionsschein. Bei einem Put-Spread (Bear-Spread) liegt der → Basispreis des verkauften → Puts unter dem des gekauften Verkaufsoptionsscheins. Analog gilt auch hier, dass der Maximalbetrag begrenzt, der Einstandspreis aber günstiger ist.

Cash Settlement (Barausgleich): Anstelle von Wertpapieren erhält der Anleger einen Geldbetrag. Diese Variante wird insbesondere bei Indizes und Rohstoffen angewendet, mittlerweile auch zunehmend bei anderen Anlageklassen.

CatchUp: Ein besonderes Feature bei → Express-Zertifikaten: Ausgefallene Zinszahlungen werden nachgezahlt, sobald am nächsten (vorzeitigen) Beobachtungstag die Konditionen für eine Zinszahlung erfüllt sind.

Chart: Grafische Darstellung des Kursverlaufs über einen bestimmten Zeitraum. Der Chart kann auf Basis von Sekunden bis hin zu Intervallen von Jahren erstellt werden. Für die Darstellung existieren verschiedene Varianten. Besonders bekannt sind Liniencharts (die letzten Preise eines Zeitintervalls werden mit einer Linie verbunden) und Candlestick-Charts (Eröffnung und Schlusskurs bilden den Kerzenkörper, das Hoch und das Tief werden durch einen Docht oder eine Lunte kenntlich gemacht). Weitere Informationen zur Konstruktion und Interpretation von Candlestick-Charts siehe Buchempfehlungen.

Chartanalyse: Eine Form der Finanzanalyse, die im Gegensatz zur Fundamentalanalyse auf die grafische Darstellung des Kursverlaufs setzt und mittels derer die Wahrscheinlichkeiten verschiedener Szenarien der weiteren Kursentwicklung eingeschätzt werden sollen. Dabei geht man davon aus, dass sich Wertpapierkurse in Trends bewegen. Neben Trendlinien, die sich aus markanten Punkten ergeben, existiert eine ganze Reihe von Formationen, die eine Aussage über die künftige Preistendenz erlauben sollen. Zur Chartanalyse zählt auch die Analyse von sogenannten Indikatoren (Indikatorenanalyse), die auf Basis der Kurse ermittelt werden.

Clean Price: Der aktuelle Preis eines zinstragenden Wertpapiers, wie z. B. → Reverse Convertible, ohne Berücksichtigung zwischenzeitlich aufgelaufener Stückzinsen. Gegenteil → Dirty Price.

Commodities (Rohstoffe): Hierzu zählen neben Edel- und Industriemetallen auch landwirtschaftliche Güter wie Weizen oder Zucker sowie diverse Ölsorten. Für die meisten Rohstoffe gibt es keinen Kassamarkt, sondern sie werden in Form von → Futures an → Terminbörsen gehandelt.

Contango: Contango beschreibt die Situation, dass der Kurs mit der Laufzeit des → Terminkontrakts steigt.

Corporate Action: Dieser Begriff umfasst eine Vielzahl von denkbaren Unternehmensereignissen, die eine Anpassung des Optionsrechts zur Folge haben können.

COSI: Durch Pfandbriefe besicherte Zertifikate, um das → Emittentenrisiko zu minimieren.

Coupon → Kupon

Credit Default Swap (CDS): Es handelt sich hierbei um eine Kreditausfallversicherung, mit der sich Investoren vor einem Zahlungsausfall schützen können. Je schlechter die Bonität eines Schuldners ist, desto höher ist der CDS. Mittels CDS lassen sich auch Ausfallrisiken von Zertifikate-Emittenten (→ Emittentenrisiko) abschätzen.

D

DAX-Volatilitätsindex: → VDAX

Delta: Misst die Preisänderung einer Option bei einer Veränderung des Underlying-Kurses. Die Höhe des Deltas ist abhängig einerseits von den Produktdaten (→ Basispreis, → Laufzeit), aber auch von der Preisschwankung des → Basispreises. Die Flankensteilheit (→ Gamma) hängt von der Höhe der impliziten Volatilität ab. Mit steigender Schwankungsbreite wird aus einem eher treppenförmigen Verlauf ein S-förmiger Verlauf. Das Delta eines → Calls bewegt sich zwischen 0 und 1 (0 und 100 Prozent), das eines → Puts zwischen Minus 1 und 0 (minus 100 Prozent und 0).

Derivate: Sammelbegriff für alle Arten von Anlage- und Hebelprodukten. Kennzeichnend für diese ist, dass der Kurs des Produkts von einem → Basiswert abhängt. Derivate kann man weiter in verbriefte Derivate (→ Zertifikate, → Optionsscheine) und unverbriefte Derivate (→ Optionen, → Futures) unterteilen. Unverbriefte Derivate werden in der Regel an einer Terminbörse gehandelt, während verbriefte Derivate an einer Wertpapierbörse ge- und verkauft werden können.

Digitale Option: Digitale Optionen werden auch als „Alles oder nichts"-Option (all-or-nothing) bezeichnet. Das Produkt hat zwei Auszahlungsvarianten: entweder 1 (oder der entsprechende Betrag) oder 0. Daher auch die weitere Bezeichnung als Binäre Option.

Dirty Price: Kaufpreis einer Anleihe zuzüglich aufgelaufener Zinsen (sog. → Stückzinsen).

Disagio (Abschlag): Betrag, um den ein Produkt günstiger als der zugrunde liegende → Basiswert ist.

Discount-Broker (Direktbank): Banken ohne Filialnetz. Bei der Geldanlage bieten sie keine Beratung an. Die daraus resultierenden Kostenvorteile geben sie an ihre Kunden weiter.

Discount-Zertifikat: Ein Zertifikat, das einen vergünstigten Einstieg in einen Basiswert ermöglicht, der durch eine Kappung der Zahlung auf einen Höchstbetrag erreicht wird. Discount-Zertifikate könnte man auch als Null-Prozent-Reverse-Convertibles betrachten. Zusammen mit → Reverse Convertibles bilden sie den größten Anteil bei → Zertifikaten.

Dividenden (Dividendenabschlag, Ausschüttung): In Deutschland erhalten Anleger meistens einmal, in anderen Ländern mehrfach im Jahr eine Beteiligung an den Unternehmensgewinnen. Diese Dividenden werden auch reguläre oder laufende Dividenden genannt. Steuerlich gesondert werden sogenannte Nennwertrückzahlungen behandelt, sie zählen in der Optionspreisberechnung aber auch zu den laufenden Dividenden. Andere Ausschüttungen werden auch als Sonderdividende bezeichnet.

Down-and-Out-Put (DOP): Eine komplexe Optionsstruktur, bei der das Recht zum Verkauf des Basiswertes verfällt, sobald eine Barriere unterschritten wird.

Duplizierung: Grundlage der Finanzmarkttheorie ist, dass Kombinationen unterschiedlicher Bestandteile mit identischen Auszahlungsströmen denselben Preis haben müssen. Eine bekannte Duplizierung ist die eines → Discount-Zertifikats, das als eine Kombination aus Long und Short Call verstanden werden kann.

E

Effektiver Hebel: → Omega

Effektive Stücke: Gedruckte Wertpapiere, die bei jedem Kauf von dem Geschäftspartner übertragen werden. Weitaus verbreiteter sind heutzutage → Globalurkunden.

Einheitskurs: → Kassakurs

Emerging Markets (Schwellenländer): Aufstrebende Staaten, die ein schnelles Wachstum und eine zunehmende Industrialisierung aufweisen.

Emittent: Anleihen, → Zertifikate und → Hebelinstrumente werden von Banken begeben (emittiert). Diese Finanzinstitute bezeichnet man als Emittent. Futures und Optionen besitzen keinen Emittenten, wenn es sich um an Terminbörsen (→ Eurex) gehandelte Produkte handelt.

Emittentenrisiko: Bei jedem Emittenten besteht die Gefahr, dass Zahlungen jeglicher Art ausfallen können. Diese Gefahr wird als Emittentenrisiko bezeichnet. Wie hoch das Risiko ist, kann anhand des CDS abgelesen werden.

Eurex: Eine der weltweit bedeutendsten vollelektronischen Börsen für Finanzderivate.

Europäisches Optionsrecht: → Optionsrecht

Expresslevel: → Call-Level

Express-Zertifikat (autocallable): Bei diesen Produkten kann es zu einer vorzeitigen Rückzahlung, also auch vor dem letzten Bewertungstag, kommen, wenn ein bestimmtes Kursniveau (Call-Level, Expresslevel) überschritten wird. Hierfür wird in bestimmten Zeitintervallen (zum Beispiel alle 12 Monate) überprüft, ob ein → Call-Level überschritten wird. Falls ja, kommt es zu einer (vorzeitigen) Rückzahlung, falls nein, wiederholt sich die Überprüfung zum nächsten Termin, bis die maximale Laufzeit erreicht ist.

F

„Fairer Wert" (Theoretischer Wert, „Fair Value"): Ein theoretischer, aus einem Optionsmodell ermittelter Preis für ein Zertifikat oder Hebelinstrument. Dieser Wert muss nicht – aufgrund von teilweise subjektiven Inputs – mit dem aktuellen Produktpreis identisch sein.

Fälligkeitstag: Der Tag nach dem → Bewertungstag, an dem der Emittent spätestens eine Zahlung geleistet hat bzw. bei physischer Lieferung die Anteile an den Anleger weitergeleitet wurden.

Fundamentalanalyse: Hierbei soll mithilfe von betriebswirtschaftlichen Kennziffern die Preiswürdigkeit eines Basiswerts ermittelt werden.

Future: Ein an einer Terminbörse gehandelter, standardisierter Terminkontrakt. Im Gegensatz zu Optionen handelt es sich hier um ein verpflichtendes Geschäft, bei dem eine bestimmte Menge eines Basiswerts zu einem festgelegten Preis zu liefern bzw. abzunehmen ist. Ähnlich funktionieren auch Forwards, die jedoch zwischen zwei Handelspartnern individuell ausgestaltet werden können.

G

Gamma: Eine dynamische Kennzahl aus der Optionspreistheorie, die die Veränderung des → Deltas bei einer Veränderung des → Basiswerts um eine Einheit beschreibt. Mathematisch betrachtet handelt es sich um die erste Ableitung. Daher zeigt das Gamma auch die Steilheit der Delta-Kurve an und ist bei Optionen am Geld am größten.

Garantie-Zertifikate: Bei Garantie-Zertifikaten erhalten Anleger in jedem Fall einen fixen Anlagebetrag von bis zu 100 Prozent des → Nominalwerts, gleichgültig, wo am Laufzeitende der → Basiswert schließt.

Geld-Brief-Spanne: → Bid-Ask-Spread

Gleitender Durchschnitt (Moving Average): Durchschnittswert der Kurse über einen bestimmten Zeitraum. Hierdurch erfolgt eine Glättung des zugrunde liegenden Kursverlaufs. Besonders beliebt sind 20, 50 oder 200 Tage. Diese dienen zur Generierung von kurz-, mittel- oder langfristigen Signalen. Für die Berechnung der Gleitenden Durchschnittslinie existieren verschiedene Verfahren, wobei der einfache („simple“) und der gewichtete („weighted“) Durchschnitt am häufigsten vorkommen. Beim einfachen Durchschnitt wird jeder Kurs gleich gewichtet, beim gewichteten Durchschnitt wird der jüngste Kurs höher gewichtet als ältere Preise.

Globalurkunde: Während früher Wertpapiere in physischer Form vorlagen, dienen Globalurkunden der vereinfachten Verwahrung, bei denen ein Übertrag zwischen zwei Geschäftspartnern nur buchungstechnisch erfolgt und keine → effektiven Stücke übertragen werden. Da nur eine Urkunde gedruckt werden muss, sind Globalurkunden auch kostengünstiger.

H

Hausse: Auch als Bullenmarkt bezeichnet. Phase mit länger ansteigenden Börsenkursen. Gegenteil: → Baisse.

Hebel: Der Hebel („Gearing") wird häufig als der Faktor interpretiert, der die Reaktion eines Derivats auf Kursänderungen des Basiswerts angibt. Für Turbos und Mini-Futures ist dies korrekt, bei Optionsscheinen führt dies aber zu falschen Erwartungen. Die Ursache ist, dass Optionsscheine im Gegensatz zu anderen → Hebelinstrumenten einen Zeitwert haben. Besser geeignet für die Abschätzung (!) der Kursreaktion bei Optionsscheinen ist das → Omega.

Hebelinstrumente (Hebelprodukte): Sammelbegriff für Turbos, Mini-Futures und alle Arten von Optionsscheinen.

Hedge (Absicherungsgeschäft): Um das Kursänderungsrisiko einer bestehenden Position oder des gesamten Depots abzusichern, wird eine Gegenposition aufgebaut und damit ein Teil oder das gesamte Risiko abgefedert, also eine Art Versicherung abgeschlossen. Emittenten sichern so ebenfalls ihre Position an verkauften Wertpapieren ab, sodass das ausgebende Institut einen Gewinn durch den Preisunterschied der beiden Positionen erzielt.

Historische Volatilität: Mathematischer Wert, der aus den Schwankungsbreiten historischer Kursveränderungen berechnet wird und als Schätzung für die → implizite Volatilität verwendet wird.

Höchstbetrag → Cap

Homogenisierter Spread: Um die Geld-Brief-Spanne von Wertpapieren mit unterschiedlichen → Ratios zu vergleichen, wird der Preis auf ein Bezugsverhältnis von 1 umgerechnet. Viele Anleger machen häufig den Fehler, optisch günstige Produkte zu bevorzugen, ohne zu ahnen, dass die Geld-Brief-Spanne dann meist auch einem Vielfachen des teuren Produkts entspricht.

I

Im Geld (in the money): → Moneyness

Implizite Volatilität (Implied): Wert, der sich aus der Optionspreistheorie ergibt, wenn man von der Erwartung ausgeht, dass die anderen Einflussfaktoren feststehend sind (Zins, Dividende ...).

Indexanleihe: → Reverse Convertible, bei dem ein Index als Basiswert zugrunde liegt.

Index-Zertifikat: Mit diesen Produkten können Anleger von der Wertentwicklung eines Index profitieren. Vor einem Kauf sollte aber geprüft werden, ob ein ETF nicht besser geeignet ist.

Indikatorenanalyse: Indikatoren werden aus den Kursverläufen eines Basiswertes errechnet. Hierbei unterscheidet man gleitende Durchschnitte, Trendfolge-Indikatoren oder Oszillatoren.

Inhaberschuldverschreibung: → Anleihe

Innerer Wert: Der innere Wert einer Option ist die positive Differenz zwischen Underlying-Kurs und Basispreis (Call) bzw. Basispreis und Underlying-Kurs (Put). Innerer Wert plus → Zeitwert ergibt den Preis einer Option.

ISIN: Die ISIN (International Security Identification Number) ist eine zwölfstellige Buchstaben- und Ziffernfolge, um jedes Wertpapier eindeutig zuordnen zu können. Sie beginnt mit einer Länderkennung, z. B. DE, gefolgt von neun Zahlen oder Buchstaben und einer Kontrollkennziffer am Ende. Die deutsche → WKN ist für deutsche Produkte immer ein Bestandteil der ISIN und entspricht der Zeichenfolge von fünf bis zwölf. In der Regel ist das „O" ausgeschlossen, um Verwechslungen mit der Null vorzubeugen.

K

Kapitalwert (Barwert): Künftige Zahlungen haben heute einen anderen Wert. In der Regel bekannter ist der umgekehrte Sachverhalt: Ein Betrag von x Euro ist in zwei oder drei Jahren aufgrund der Inflation weniger wert als heute. Um den Ertrag aus unterschiedlichen Zahlungsströmen zu verschiedenen Zeitpunkten zu vergleichen, werden diese auf den heutigen Tag abdiskontiert. Mathematisch betrachtet wird jeder Betrag durch die bis zum Zahltag erzielbaren Zinsen geteilt.

Kassakurs: Ein Preis, der zu einem bestimmten Zeitpunkt ermittelt wird. Als Synonym wird auch der Begriff Kassapreis oder Spot Price verwendet. Der Begriff umschreibt aber auch die Tatsache, dass zur „Kassa" gehandelte Wertpapiere sofort durch einen Geldbetrag erworben werden.

Kauf-Option: → Call

Knock-outs: Sammelbegriff für → Hebelinstrumente, bei denen das Optionsrecht verfällt, sobald ein bestimmtes Kursniveau (→ Barriere) unter- oder überschritten wird (auch Knock-out-Ereignis genannt).

Knock-out-Schwelle (Knock-out-Level): → Barriere

Korridor-Optionsscheine: → Range Warrants

Kupon (Coupon): Früher wurden Kupons (für Zinsen, aber auch Dividenden) aus einem Bogen, der Teil der Aktienurkunde war, herausgeschnitten und bei der Bank eingelöst. Gemeinhin bezeichnet man den Nominalzins einer Anleihe als Kupon. Im Onlinekatalog Historische Wertpapiere auf der Seite www.waigand-sammlerwelt .de findet man historische Wertpapiere.

L

Laufzeit (Maturity): Zeitraum bis zur Endfälligkeit von Optionen. Die (Rest-)Laufzeit wird meistens in Jahren berechnet.

Laufzeitkongruenter Zinssatz: Ein der Laufzeit entsprechender Zinssatz.

Letzter Börsenhandelstag: Der Tag, an dem ein Finanzinstrument zum letzten Mal gehandelt wird.

Long: Bezeichnet entweder die Erwartung von steigenden Notierungen oder den Kauf eines Calls. Ein Long Put ist folglich ein gekaufter Verkaufs-Optionsschein. Ist ein Anleger hingegen „Long", dann geht er von steigenden Preisen aus.

M

Maßgebliche Terminbörse: Werden Optionen auf einen Basiswert an einer Terminbörse notiert, so entscheidet diese, ob eine → Corporate Action vorliegt und wie dieses Kapitalereignis anzupassen ist. Dabei spielen auch die Börsenusancen des jeweiligen Landes eine Rolle. Die angewandte Vorgehensweise der Terminbörse wird von den Emittenten dann analog übernommen.

Memory-Funktion: Bezeichnet bei Express-Zertifikaten die Besonderheit, dass eine ausgefallene Kuponzahlung an einem anderen → Bewertungstag nachgeholt wird, wenn die Bedingungen wieder erfüllt sind. Wenn man so möchte, sind Aufaddierer eigentlich ausschüttende Express-Zertifikate, bei denen erst am (vorzeitigen) Rückzahlungstag alle Kupons ausgeschüttet werden.

Mindestbetrag: Ist ein garantierter Betrag, der dem Anleger am Laufzeitende erstattet wird. Daher auch Garantiebetrag genannt.

Mini-Future: → Knock-outs mit unbegrenzter Laufzeit (auch als Openend-Turbos bezeichnet).

Moneyness

- Im Geld (in the money): Der Bezugspreis liegt bei Calls unter, bei Puts über dem aktuellen Underlying-Kurs.

- Am Geld (at the money): Der Basispreis entspricht in etwa dem aktuellen Wert des Basisinstruments.
- Aus dem Geld (out of the money): Der Bezugspreis liegt bei Calls über, bei Puts unter dem aktuellen Underlying-Kurs.

Monte-Carlo-Simulation: Ein stochastisches Verfahren zur Bewertung von Optionen. Dabei werden „unendlich“ viele Kursentwicklungen simuliert, um so den Erwartungswert einer Option zu bestimmen.

Multi-Asset: Bezeichnet bei Zertifikaten das Merkmal, dass der Preis nicht von einem Underlying („Single Asset“) oder dem Durchschnittskurs eines Korbs abhängig ist, sondern von der Wertentwicklung des → Basiswerts mit der schlechtesten Performance (Worst-of-Option) oder besten Performance (Best-of-Option) bestimmt wird. Heutzutage sind nahezu nur Worst-of-Multi-Asset-Produkte auf dem Markt.

N

Nominalwert: Der Nominalwert ist der Geldbetrag, den der Käufer (Gläubiger) vom Herausgeber (Schuldner) fordern kann bzw. umgekehrt schuldet und ist typisch für Anleihen. Der Nominalwert ist auch die Berechnungsgröße für den Zinsertrag sowie für den Kauf- und Verkaufspreis. Für eine Anleihe mit Nominalwert 100 Euro sind bei einem Kurs von 103 Prozent 103 Euro zu zahlen. Beträgt der Nominalwert hingegen 1.000 Euro, so müssten 1.030 Euro bezahlt werden.

O

Omega: Produkt aus Hebel und Delta. Diese Kennzahl wird auch als effektiver Hebel bezeichnet.

Option: Übergeordneter Begriff für eine ganze Reihe von unterschiedlichen Optionsstrukturen. Diesen ist gemeinsam, dass eine Option das (verbriefte) Recht, aber nicht die Pflicht ist, eine bestimmte Menge (→ Ratio, Bezugsverhältnis) eines → Basiswerts (z. B. Aktien) zu einem vereinbarten Preis (→ Basispreis) innerhalb eines festgelegten Zeitraums oder zu einem bestimmten Zeitpunkt zu erwerben (→ Kaufoption/ Call) oder zu veräußern (→ Verkaufsoption/Put).

Optionspreismodell: Die bekanntesten optionspreistheoretischen Modelle sind das von → Black-Scholes oder die → Monte-Carlo-Simulation.

Optionsrecht:
- Amerikanisch: Die Ausübung ist jederzeit möglich, daher macht dieser Zusatzwert ein amerikanisches Optionsrecht wertvoller als ein vergleichbares europäisches Optionsrecht.
- Asiatisch: Bei dieser Struktur erfolgt eine Durchschnittsbildung über mehrere Perioden/Bewertungstage. Asiatische Optionen werden auch als Average Rate Option bezeichnet.
- Europäisch: Die Ausübung ist nur am Laufzeitende möglich. Dieses Optionsrecht liegt allen → Anlagezertifikaten zugrunde.

Der Preisunterschied von amerikanischen und europäischen Optionsrechten spielt vor allem bei der Zahlung der → Dividenden eine wichtige Rolle.

Optionsschein: Oberbegriff für verbriefte Optionsrechte

Optionsstrukturen: Neben den Standardoptionen existieren eine ganze Reihe komplexerer Optionen wie beispielsweise der Down-and-Out-Put oder der Up-and-Out-Call.

Outperformance-Zertifikat: Bei diesen Produkten partizipiert der Anleger oberhalb oder sowohl ober- als auch unterhalb eines → Basispreises meist bis zu einem → Cap überproportional von der Wertentwicklung eines → Basiswerts. Die Anzahl der am Markt befindlichen Produkte ist allerdings gering, sodass hier auf eine Darstellung verzichtet wurde.

P

Partizipationsfaktor: Der Partizipationsfaktor ist im ersten Moment mit dem → Hebel vergleichbar. Allerdings ist dies nicht korrekt. Der Partizipationsfaktor dient am Laufzeitende der Berechnung des Auszahlungsbetrags, indem die Wertentwicklung des → Underlyings mit dem Partizipationsfaktor multipliziert wird.

Protect- (...) -Zertifikat: Bei jeglicher Art von Zertifikat, das den Begriff „Protect" in der Bezeichnung trägt, wird eine vorhandene Grundstruktur um eine Spezialoption ergänzt. Long-Zertifikate, die auf einem → Discount-Zertifikat beruhen, werden um einen → Down-and-Out-Put ergänzt, der Kursverluste bis zu einer → Barriere kompensiert. Bei einem Protect-Reverse-Discount-Zertifikat handelt es sich um einen Put-Spread plus einen Up-and-Out-Call.

Put (Verkaufsoption): Ein Put gewährt das Recht, einen Basiswert zu einem festgelegten Basispreis zu verkaufen. Mit einem Put setzt der Käufer also auf fallende Preise.

Put-Call-Parität: Ein mathematischer Zusammenhang zwischen dem Preis eines Calls, eines Puts, dem aktuellen Wert des Basiswerts sowie dem abgezinsten Barwert eines fixen Zahlungsbetrags.

Q

Quanto: Bei dieser Währungsabsicherung wird die Fremdwährung unabhängig vom tatsächlichen Wechselkurs eins zu eins in Euro umgerechnet. Damit entfällt für den Anleger das Währungsrisiko, er verzichtet aber auch auf mögliche Chancen.

R

Range Warrants (Bandbreiten- oder Korridor-Optionsscheine): Hierbei handelt es sich um Produkte, die mit zwei Barrieren ausgestattet sind. Die häufigste am Markt befindliche Gattung sind sogenannte Range-KO-Optionsscheine oder kurz RangeKO. Bei diesen folgt auf die Verletzung einer der beiden Korridore ein Totalverlust, ansonsten wird ein fixer Geldbetrag am Laufzeitende ausgezahlt.

Ratio: Das Ratio gibt an, wie viel Optionen benötigt werden, um eine Einheit des Basiswerts (z. B. eine Aktie) zu erwerben oder zu verkaufen.

Referenzpreis: Zur Berechnung des Auszahlungsbetrages wird ein im Prospekt dargestellter Kurs verwendet. Dies können bei Aktien Schlusskurse oder bei Indizes → Settlement Prices der entsprechenden Optionen an einer Terminbörse sein.

Rendite: Die Summe aller Erträge aus einem Wertpapier wird als Rendite bezeichnet. Wird diese umgerechnet auf eine Verzinsung pro Jahr (annualisiert), dann spricht man von der Rendite p.a. (pro anno).

Reverse Convertibles: Sammelbegriff von Aktien- und Indexanleihen. Unabhängig von der Wertentwicklung des zugrunde liegenden Basisinstruments erhält der Anleger an den → Auszahlungsterminen einen Zinsbetrag. Die Höhe der Rückzahlung hängt davon ab, ob der → Basiswert am → Bewertungstag unter oder zumindest auf dem → Basispreis liegt. Bei Letzterem erhält der Anleger den → Nominalwert erstattet, ansonsten das → Basisinstrument geliefert oder einen entsprechenden Abrechnungsbetrag. Je nach Art des zugrunde liegenden → Underlyings spricht man auch von Aktien- oder Indexanleihen.

Revive: Besonderes Feature bei → Express-Zertifikaten. Sollte eine Zinszahlung während einer Periode ausfallen, so lebt sie in dem darauffolgenden Zeitraum wieder auf. Somit fällt zunächst nur eine Zinszahlung und nicht automatisch auch alle nachfolgenden Zahlungen aus.

Rho: Sensitivität einer Option bezüglich Zinsänderungen. Diese Sensitivitätskennzahl gilt allerdings im Optionshandel als eher unbedeutsam.

S

Sensitivitätskennzahl: Diese (dynamischen) Kennziffern geben an, wie sich der Preis einer Option verändert, wenn bis auf einen alle anderen Einflussfaktoren unverändert bleiben. Dies ist allerdings eine Abstraktion, da sich der Optionspreis nicht aufgrund nur eines, sondern aller Faktoren gleichzeitig verändert. Bei steigenden Preisen ändert sich auch die implizite Volatilität, sodass eine Zielkursberechnung für eine Option auf Basis des Deltas nicht die exakte Veränderung wiedergibt.

Settlement Price (Abrechnungspreis): Der von der sogenannten Clearing-Stelle ermittelte Kurs. Dieser dient der Abrechnung von diversen Derivaten.

Short: Bezeichnet entweder die Erwartung von fallenden Notierungen oder den Verkauf einer Option. Ein Short Call ist also ein verkaufter Kaufoptionsschein. Ein Anleger, der „short" ist, erwartet fallende Preise.

Sicherheitspuffer: → Barriere

Skew: Unterschiedliche implizite Volatilitäten von ansonsten identischen Call- und Put-Optionen.

Sonderdividende (Special Dividend): Hierbei handelt es sich um Ausschüttungen, die ein Unternehmen tätigt, um seine Aktionäre an Beteiligungsverkäufen oder besonders hohen Erträgen zu beteiligen. Diese Dividendenart führt in der Regel zu einer Anpassung des Optionsrechts (→ Corporate Action). Eine Entscheidung, ob Optionen angepasst werden, trifft die maßgebliche Terminbörse.

Spread: Differenz zwischen An- und Verkaufspreis, wobei das → Ratio im Gegensatz zum homogenisierten Spread nicht berücksichtigt wird.

Strike: → Basispreis

Strukturierte Produkte: Alle Arten von Finanzprodukten, die sich aus mindestens zwei Komponenten zusammensetzen, also zum Beispiel einer Option und einer Anleihe oder zwei Optionen.

Stückzinsen: Aufgelaufene Zinsen, die dem Verkäufer für die Zeit, in der er die Anleihe in Besitz hatte, einen anteiligen Zinsbetrag bescheren.

T

Teilschutz-Zertifikat: Alle Arten von Zertifikaten, bei denen der Anleger keine hundertprozentige Rückzahlung des → Nominalwerts zugesichert erhält. Darunter fallen zum Beispiel → Garantie-Zertifikate, bei denen nur 80 Prozent des Nominalwerts abgesichert sind, sowie alle anderen Zertifikate mit einem teilweisen Schutz, wie beispielsweise Protect-Discount-Zertifikate oder Bonus-Zertifikate.

Terminbörse: Optionen und Futures können an speziellen Handelsplätzen, den Terminbörsen, gehandelt werden. Die Produkte sind hinsichtlich Laufzeit und Basispreis standardisiert.

Terminkontrakt: Börsengehandeltes, unbedingtes Termingeschäft

Term Sheet: Ein Dokument, das die Emissionsbedingungen eines Anlage- oder Hebelprodukts zusammenfasst.

Theta: Der Zeitverfall einer Option wird näherungsweise mit dem Theta angegeben.

Timing: Viele Anleger versuchen zum optimalen Zeitpunkt an der Börse einzusteigen. Häufig aber verpasst man durch ein zu langes Warten Chancen. Auf der anderen Seite zeigen diverse Untersuchungen, dass sich positive Renditen durch das ständige Kaufen und Verkaufen von Aktien in Kursverluste umkehren können. Eine weitere Studie belegt, dass ein Anleger auch Verluste erleiden kann, wenn er an den x besten Börsentagen nicht investiert war.

Turbos: Im allgemeinen Knock-outs, die eine feste Laufzeit besitzen.

U

Underlying: → Basiswert

Up-and-Out-Call (UOC): Eine komplexe Optionsstruktur, bei der das Recht zum Kauf des Basiswerts verfällt, sobald eine Barriere überschritten wird.

V

VDAX: Der DAX-Volatilitätsindex (kurz VDAX) gibt die von Marktteilnehmern in den kommenden 45 Tagen erwartete, also implizite Schwankungsbreite des DAX an.

Vega: Aus dem Black-Scholes-Modell abgeleitete Kennziffer, die die Reaktion des Optionspreises auf Veränderungen der impliziten Volatilität misst.

Verkaufsoption: → Put

Vola-Smile: Bei am Geld befindlichen Optionen (Basispreis entspricht etwa dem aktuellen Preis des Basiswerts) ist die implizite Volatilität am niedrigsten. Steigen nun „rechts" und „links" die Volatilitäten, entsteht ein Lächeln.

W

WKN (Wertpapierkennnummer): Sechsstellige Zeichenfolge, die dazu dient, Wertpapiere eindeutig zuordnen zu können. Aufgrund der Beschränkung auf sechs Stellen soll die WKN sukzessive durch die → ISIN ersetzt werden.

Z

Zeitwert: Die Differenz zwischen Optionspreis und → innerem Wert. Der Zeitwert ist bei einer Option am Geld am höchsten. Des Weiteren hängt der Zeitwert von der Laufzeit und der impliziten Volatilität der Option ab.

Zero-Bond: Eine Anleihe, bei der der Zinskupon null ist. Daher auch die alternative Bezeichnung als Nullkuponanleihe.

Zero Strike Call: Option mit einem → Basispreis von null. Da Zertifikate keine Dividenden ausschütten, werden Zero Strike Calls zur Berücksichtigung der während der Laufzeit erwarteten Dividenden eingesetzt.

Zertifikat: Verbriefte Produkte wie Discount-, Bonus- oder Express-Zertifikate

Zinscoupon → Kupon

Literatur

Black, Fischer / Scholes, Myron: The Pricing of Options and Corporate Liabilities, Journal of Political Economy. 81, 3, 1973

Creed, Alex / Homma, Munehisa (2019): Die Candlestick Trading Bibel: Mit System und Strategie zum Trading-Erfolg

Daxhammer, Rolf J. / Facsar, Máté (2018): Behavioral Finance

Edwards, Robert D. / Magee, John / Bassetti, W.H.C. (2022): Technische Analyse von Aktien-Trends

Elder, Alexander (2021): Alles, was Sie über Trading wissen müssen

Florek, Erich (2000): Neue Trading Dimensionen: Nutzen Sie das Erfolgspotenzial modernster Börsentechniken

Gabel, Harald (April 1998): *OptionsscheinMagazin*: S. 20 ff. „Daimler verärgert Optionsscheinanleger"; sowie Seite 22 f.: „Optionsschein-Grundlagen"

Gabel, Harald (2004): Erfolgreich handeln mit Turbos und Optionsscheinen

Giese, Faik (2015): Nachhaltig erfolgreich traden

Hull, John C. (2022): Optionen, Futures und andere Derivate

Knoesel, Jochen (April 1998): *OptionsscheinMagazin*, S. 25 f.: „Schütt-aus-Hol-zurück bei Daimler-Benz“

Privault, Nicolas (2022): Introduction to Stochastic Finance with Market Examples, Second Edition

Schabacker, Richard W. (2023): Börsengewinne mit Technischer Analyse

Steinbrenner, Hans Peter (2000): Optionsrechte in der Praxis: Von Plain Vanilla bis zu Rainbow

Steiner, Manfred / Bruns, Martin (1996): Wertpapiermanagement

Vaupel, Michael / Kaul, Vivek (2016): Die Geschichten des Geldes